Kriegesmann/Kley: Mitbestimmung als Innovationstreiber

Forschung aus der Hans-Böckler-Stiftung 141

Herausgegeben von der Hans-Böckler-Stiftung, Düsseldorf

Bernd Kriegesmann
Thomas Kley

unter Mitarbeit von Sebastian Kublik

Mitbestimmung als Innovationstreiber

Bestandsaufnahme, Konzepte und Handlungsperspektiven für Betriebsräte

Bibliografische Information der Deutschen Nationalbibliothek

Die Deutsche Nationalbibliothek verzeichnet diese Publikation in der Deutschen Nationalbibliografie; detaillierte bibliografische Daten sind im Internet über http://dnb.d-nb.de abrufbar.

ISBN 978-3-8360-8741-4

Umschlaggestaltung: Gaby Sylvester, Düsseldorf. Umschlaggrafik: © tu-8 – Fotolia.com

Druck: Rosch-Buch, Scheßlitz

Printed in Germany

Inhalt

Vorwort

Wenn in aktuellen Diskursen eine ausgeprägte „Innovationskultur“ als Kern nachhaltigen Unternehmenserfolgs beschworen wird, so darf zunächst mit breitem Konsens gerechnet werden. Doch was sich konkret hinter dem modischen Schlagwort verbirgt, bleibt häufig nebulös. Wie auch immer das Wesen einer Innovationskultur gefasst wird – nur allzu selten ist dabei von den Trägern der betrieblichen Mitbestimmung die Rede. Pointiert erscheinen Betriebsrätinnen und Betriebsräte in der Forschung eher als „Randfiguren“ denn als „Schlüsselpersonen“, wenn es vor Ort um Innovationen geht. Dieses Bild beruht unter anderem darauf, dass der spezifischen Perspektive der Betriebsräte auf das Innovationsgeschehen bislang nur wenig Raum gewährt wurde.

Die Hans-Böckler-Stiftung initiierte und förderte vor diesem Hintergrund im Forschungsschwerpunkt „Strukturwandel – Innovation und Beschäftigung“ mehrere Vorhaben, die sich der ungeklärten Rolle(n) von Trägern der Mitbestimmung in Innovationsprozessen annehmen sollten. Das Institut für angewandte Innovationsforschung e.V. (IAI) an der Ruhr-Universität Bochum wurde in diesem Rahmen mit dem Projekt „Innovationstreiber Mitbestimmung – Bestandsaufnahme, Konzepte und Handlungsperspektiven“ beauftragt. Der Kerngedanke bestand darin, auf einer sowohl quantitativen als auch qualitativ-empirischen Basis den Bogen von einer systematischen Bestandsaufnahme bis hin zu konkreten Handlungsperspektiven im Mitbestimmungsfeld „Innovation“ zu spannen.

Innovationen werden von Menschen gemacht. Am Anfang eines Buchs über Innovation möchten wir daher denjenigen Menschen danken, die in unterschiedlicher Weise wertvolle Beiträge geleistet haben:

Ohne die großzügige Förderung der Hans-Böckler-Stiftung wäre dieses Buch nicht entstanden. *Dr. Frank Gerlach* gebührt für die Unterstützung und Begleitung des Projektes unser Dank. Er eröffnete dem IAI die Möglichkeit einer Kooperation mit dem Wirtschafts- und Sozialwissenschaftlichen Institut (WSI) in der Hans-Böckler-Stiftung, um im Rahmen der „WSI-Betriebsrätebefragung 2008/2009“ den Themenschwerpunkt „Betriebliche Innovationsfähigkeit“ gemeinsam zu gestalten.

Dr. Marc Schietinger von der Hans-Böckler-Stiftung danken wir die kompetente „Anschlussbetreuung“ unseres Projekts. Gedankt sei auch den Mitgliedern des Projektbeirats, die viele fruchtbare Anregungen einbrachten.

Dr. Astrid Ziegler (jetzt IG Metall, vorher WSI) erarbeitete zusammen mit dem IAI den Teil „Betriebliche Innovationsfähigkeit“ der WSI-Betriebsrätebefragung 2008/2009. Ihr danken wir für die sehr angenehme und produktive Zusammenarbeit.

Weite Teile des Forschungsvorhabens sind unter der wissenschaftlichen Mitarbeit von *Dipl.-Ök. Sebastian Kublik* entstanden. *Angelika Schröer-Siebenhaar* hat das Buchmanuskript in vielen Details weiterentwickelt.

Ganz besonderer Dank gilt schließlich allen *Betriebsrätinnen und Betriebsräten, Managementvertreterinnen und Managementvertretern,* die sich wertvolle Zeit nahmen, um das kontroverse Thema „Innovationstreiber Mitbestimmung?" mit dem Projektteam offen zu diskutieren.

Bernd Kriegesmann
Thomas Kley

1 Innovationstreiber betriebliche Mitbestimmung?

1.1 Das Interesse am Wirkungsgefüge von Innovation und Mitbestimmung

Innovationen mit Bestimmung für Wettbewerbsfähigkeit und Beschäftigung zu entwickeln und umzusetzen, ist ein anspruchsvolles strategisches Ziel, zu dem sich Akteure verschiedener Provenienz geflissentlich bekennen. Sowohl im politischen Diskurs und in Managementzirkeln (Sommerlatte et al. 2006; Wahren 2004) als auch in gewerkschaftlichen Kreisen (Gerlach/Ziegler 2010; Bsirske et al. 2005) stiftet das schillernde Schlagwort „Innovation" programmatischen Konsens. Die fortschreitende Globalisierung hyperkompetitiver Märkte setzt Unternehmen unter Anpassungs- und Veränderungsdruck, dem – will man der Abwärtsspirale einer reinen Kostenkonkurrenz entgehen – nur durch neue und bessere Produkte, Dienstleistungen, Prozesse und Organisationsformen zu begegnen ist. Schon seit geraumer Zeit ist dabei ein ganzheitlicher Innovationsbegriff etabliert (Schumpeter 2006 [1912], S. 159), der die Engführung als rein technisches Konzept überwindet: Denn komplementär zu neuen technischen Problemlösungen erfordern Produktinnovationen häufig auch andere Fertigungsorganisationen mit neuen Betriebsmitteln, neuen Absatzwegen oder Servicefunktionen und stellen neue Anforderungen an die Kompetenzentwicklung (Staudt 1983; Staudt/Kriegesmann 2002). Anders gewendet: Innovation ist mehr als Forschung und Entwicklung, nicht nur in F&E-Laboren wird Innovationsarbeit (Moldaschl 2007) verrichtet!

Krisenhafte Turbulenzen auf den Märkten haben dazu geführt, dass Unternehmen die Suche nach Patentrezepten noch verschärfen, um Innovationserfolge nicht dem Zufall zu überlassen, sondern die Innovationsfähigkeit auf Dauer zu stellen (Lazonick 2005; Tidd et al. 2001; kritisch: Moldaschl 2006). Unternehmen bemühen sich, das Management von Produktinnovationen ebenso wie angrenzende Bereiche des Ideenmanagements weiter zu professionalisieren (Cooper 2008; Bertelsmann Stiftung 2008; Zink 2007). Selbst erfolgreichen Unternehmen wird anempfohlen, sich von Zeit zu Zeit neu zu erfinden (Jenner 2003; Hamel 2001). Diesen Bedarf aufnehmend, findet die „lange Geschichte der Erfolgsfaktorenforschung" (Vahs/Schmitt 2010, S. 4; vgl. auch Nicolai/Kieser 2002) immer neue Fortsetzungen, etwa unter den Etiketten „Innovationskultur" (Hof/Wengenroth 2007; Kriegesmann/Kerka 2007; Ernst 2003), „Lean Innovation" oder „Open Innovation" (Chesbrough 2003; Dahlander/Gann 2010).

Während derzeit eine Öffnung von Innovationsprozessen propagiert wird, um externe Impulse und Kompetenzen zu erschließen, sind jedoch noch weiße Flecken gleichsam „im Innern“ des betrieblichen Innovationsgeschehens auszumachen: Das Wirkungsgefüge von Innovation und betrieblicher Mitbestimmung rückt immer mehr in den Fokus (Gerlach/Ziegler 2010; Nerdinger et al. 2011; Schwarz-Kocher et al. 2011) – gesichertes Wissen dazu ist jedoch noch rar.

Welche Rollen übernehmen Betriebsrätinnen und Betriebsräte[1] im Innovationsgeschehen, welche konkreten Innovationsbeiträge können sie leisten? Welche Muster innovationsorientierter Partizipation sind zu unterscheiden? Welche Wirkungen sind mitgestaltenden Betriebsräten auf betriebliches Innovationsverhalten zuzuschreiben? Schließlich: Welche Barrieren sind zu überwinden, welche Spannungsfelder sind zu erwarten, wenn sich Betriebsräte für Innovation engagieren?

Trotz des intensiven und breiten Interesses an Innovationen von und in Unternehmen muten Fragestellungen zu Innovation und Mitbestimmung noch ungewohnt an. Mitbestimmung wird vornehmlich als Schutzrecht diskutiert – der Brückenschlag zur Mitgestaltung von Innovation erscheint daher nicht naheliegend. In wissenschaftlichen Auseinandersetzungen zum Management von Innovationen sind diverse Unternehmensbereiche – neben Forschung und Entwicklung insbesondere Marketing und Fertigung – in ihren Rollen und Wirkungen im arbeitsteiligen Innovationsprozess untersucht worden (Hauschildt/Chakrabarti 1999; Salomo/Cratzius 2005; Souder 1998; Staudt 1986); die Institution Betriebsrat ist dabei jedoch „fremd“ geblieben (Hauschildt/Salomo 2007). Als Schlüsselpersonen zur Förderung konkreter Innovationsprozesse und zur Gestaltung einer Innovationskultur werden zuvorderst Führungskräfte eingeordnet (Gemünden/Hölzle 2006) und spezifische Promotorenkonstellationen diskutiert. Betriebsräte werden gelegentlich als Opponenten rubriziert oder bleiben in diesen Diskursen wenig beachtete „Randfiguren“ – obschon sie als Akteure in vielen betrieblichen Arenen etabliert sind[2] und intensive Forschungen über Betriebsräte und Innovation spätestens seit den 1990er Jahren unternommen werden (vgl. Kern 1998; Dilger 2002; Addison et al. 2004).

Schaut man aus der Perspektive der Betriebsräte auf das sich konturierende Mitbestimmungsfeld Innovation, so zeichnet sich die Fortsetzung eines Trends

---

1 Zwecks sprachlicher Vereinfachung wird in diesem Text von „Betriebsräten“ und „betrieblichen Interessenvertretern“ gesprochen. Gemeint sind damit sowohl Betriebsrätinnen oder betriebliche Interessenvertreterinnen als auch Betriebsräte oder betriebliche Interessenvertreter.

2 Ergebnisse des IAB-Betriebspanels zeigen: In jedem zehnten Betrieb gibt es einen Betriebsrat, entsprechend werden 47% der abhängig Beschäftigten in Westdeutschland und 39% in Ostdeutschland von Betriebsräten vertreten (Ellguth 2007, S. 155f.).

zur Ausweitung von Anforderungen und Erwartungen an Betriebsräte ab, der in den Diskursen um die „Verbetrieblichung" von Mitbestimmung (vgl. Bispinck 2008), das „Co-Management" (vgl. Müller-Jentsch/Seitz 1998; Rehder 2006; Minssen/Riese 2007) oder eine „qualifizierte Mitbestimmung" (Wannöffel 2008) schon seit einigen Jahren beschrieben und analysiert wird. Stimmen aus der Praxis bestätigen: „Die Rollen haben sich geändert: von den kämpfenden Betriebsräten über die bewahrenden Betriebsräte zu den gestaltenden Betriebsräten" (Blauth 2007).

Innovationsmanagement respektive die Förderung von Innovationsfähigkeit als ein die traditionelle schutzorientierte Interessenvertretung ergänzendes Aufgabenfeld von Betriebsräten zu diskutieren (vgl. Schwarzbach 2006), erscheint vor diesem Hintergrund als eine konsequente Fortführung. Die gesetzlichen Grundlagen für eine Mitgestaltung von Innovationen durch Betriebsräte hat der im Zuge der Novellierung des Betriebsverfassungsgesetzes (BetrVG) neu eingeführte § 92 a BetrVG erweitert (vgl. Brandl et al. 2005). Betriebsräte verfügen damit über ein Mehr an „Sekundärmacht" (Jürgens 1984) in diesem Bereich – auch wenn die praktische Tragweite dieser Norm noch zu prüfen ist (vgl. dazu Kap. 3). Zu erwarten ist, dass auch eine innovationsorientierte Mitbestimmung ihr Durchsetzungsvermögen zuallererst auf die Ressourcen Kompetenz und mikropolitisches Geschick zurückführen wird und sich weniger auf Paragraphen stützen kann (Minssen/Riese 2007, S. 33; vgl. auch Wienecke 2001, S. 42).

Seitens der Gewerkschaften werden Fragen wie „Innovation – was geht das die Gewerkschaften an?" (Putzhammer 2004) schon lange nicht mehr nur rhetorisch gestellt, sondern es wird auf dem Boden eines erweiterten Innovationsbegriffs nachdrücklich dafür plädiert, die Innovationspotenziale im Betrieb zu stärken (Klotz 2005). Schon vor über 30 Jahren wurde eine offensive gewerkschaftliche Technologie- und Innovationspolitik entworfen („Gewerkschaft auf neuem Kurs", vgl. Hinz 1978). Vielfältige neuere gewerkschaftliche Kampagnen und Projektinitiativen – von „Besser statt billiger" (vgl. Haipeter et al. 2011) bis „Gute Arbeit" (vgl. Stuth 2009) – weisen in diese Richtung. „Kreativität, Kompetenz und Mitbestimmung" werden als „Schlüsselfaktoren für Innovationsfähigkeit" eingeordnet (Putzhammer 2005), Betriebsräte als „unverzichtbare Promotoren" für Innovationsprozesse (Dahme/Ganz 2005, S. 25) herausgestellt.

Versucht man die Perspektive der Betriebsräte auf das beschworene Mitbestimmungsfeld „Innovation" zu ergründen, so sind Ergebnissen aus der empirischen Mitbestimmungsforschung Hinweise zu entnehmen, dass betriebliche Interessenvertreter das Spektrum an neuen Aufgaben und die hohen Erwartungen mitunter als Druck empfinden (Müller-Jentsch/Seitz 1998, S. 368). Dies lässt vermuten, dass gewerkschaftliche Strategieentwürfe, die „gute Praxis" betrieblicher Einzelfälle und das normale alltägliche Betriebsratshandeln durchaus auch Spannungsfelder aufweisen können.

Es hat jedoch den Anschein, dass derartige Menetekel von der Mitbestimmungspraxis gleichsam „überholt“ werden, denn in vielen Betrieben werden im Rahmen von Standortsicherungsbündnissen oder unter ähnlichen Labeln Innovationen mit Bestimmung für Wettbewerbsfähigkeit und zur Sicherung von Beschäftigung umgesetzt oder vorausschauend vereinbart (vgl. Ellguth/Kohaut 2008).

Während noch vor einigen Jahren Betriebsräte dem Thema Innovation mit Skepsis begegneten – „in den Köpfen vieler Betriebs-/Personalräte und Gewerkschaftler war Innovation lange Zeit identisch mit Rationalisierung und Arbeitsplatzvernichtung“, erinnern Cox und Rundnagel (2003, S. 13) –, hat ein Umdenken Platz gegriffen. Repräsentative Daten aus der 2008/2009 durchgeführten Betriebsrätebefragung des Wirtschafts- und Sozialwissenschaftlichen Instituts (WSI) der Hans-Böckler-Stiftung lassen auf eine hohe Innovationsgeneigtheit der betrieblichen Interessenvertreter schließen. Nach den Ergebnissen dieser Studie beschreiben 60,3% der Betriebsräte ihre grundsätzliche Einstellung gegenüber Innovationen als „eher positiv“, weitere 34,8% geben eine „neutrale Einstellung“ an. Nur 4,8% der Befragten lehnen „Innovationen eher ab, da sie häufig zu Lasten der Beschäftigten gehen“ (vgl. Ziegler et al. 2010).

Offensichtlich wird die Mitgestaltung von Innovation von vielen Betriebsräten als eine verheißungsvolle Doppelstrategie für Wettbewerbsfähigkeit und Beschäftigungssicherung eingeschätzt. Innovationen wirken jedoch vielfach ambivalent: Einerseits bergen Produktinnovationen das Potenzial für beschäftigungswirksames Wachstum – andererseits drohen Prozessinnovationen diese Effekte wieder zunichte zu machen (vgl. Schmahl 1986, S. 435). Als eine weitere Triebfeder für Betriebsräte, sich aktiv mit Innovationen zu befassen, ist daher die schutzorientierte Perspektive, die Belegschaft vor negativen Effekten von Innovationen zu bewahren, noch hinzuzudenken (vgl. Ziegler 2010).

Innovation ist nicht nur in aller Munde, sondern auch in den Köpfen und vielfach auch im konkreten Handeln von Betriebsräten angekommen. Welche Auswirkungen sind hiervon zu erwarten? Über die Effekte von Betriebsratshandeln für betriebliche Innovationsfähigkeit wird in quantitativen empirischen Studien berichtet. Neben Belegen einer positiven Korrelation zwischen betrieblicher Mitbestimmung und Produktivität (vgl. Keller 2006; Thannisch 2006; Frick 2005; Addison et al. 2004; Zwick 2003) stehen vereinzelte Hinweise zum Einfluss von Mitbestimmung auf Innovation:

– Dilger wertet Paneldaten zum deutschen Maschinenbau aus und zieht den Schluss,

> „dass ein hinreichendes Maß an freiwillig gewährten Mitbestimmungsrechten positive Folgen für den Betrieb hat, zumindest hinsichtlich seiner Innovationsaktivitäten.“ (Dilger 2002a, S. 156ff.)

- In einer Überblicksstudie resümieren Pries und Wannöffel, dass die betriebliche Mitbestimmung in Kombination mit Formen direkter Mitarbeiterbeteiligung und kooperativer Unternehmensführung Modernisierung und unternehmerischen Erfolg unterstützt und sich als Vorteil für Innovation erweist (vgl. Pries/Wannöffel 2005).
- Auf der Grundlage des Hannoveraner Firmenpanels belegen Askildsen, Jirjahn und Smith einen positiven Zusammenhang zwischen betrieblicher Mitbestimmung und Produktinnovationen, insbesondere im Bereich betrieblicher Umweltinvestitionen (Askildsen et al. 2006). Zusätzlich belegen die Autoren eine signifikant positive Beziehung zwischen dem Vorhandensein von Betriebsräten und der Einführung von Nachfolgeprodukten sowie funktional verbesserten Produkten. Kein Einfluss der betrieblichen Mitbestimmung besteht jedoch im Hinblick auf die Einführung völlig neuer Produkte.

In weiteren empirischen Studien wurden keine Zusammenhänge zwischen Betriebsratsarbeit und (Produkt-)Innovationen gefunden (vgl. Blume/Gerstlberger 2007; Schlömer et al. 2007; Franz 2005). Weitgehende Einigkeit herrscht aber auch hier, dass Existenz und Einbindung von Betriebsräten das betriebliche Innovationsverhalten zumindest nicht behindern (ähnlich für die Unternehmensmitbestimmung: Kraft/Stank 2004). Insgesamt unterstützen diese großzahligen empirischen Studien, dass verschiedentlich kolportierte anekdotische Belege einer bremsenden, blockierenden und destruktiven betrieblichen Mitbestimmung (vgl. Naumann 2007; vgl. Schnabel 2008) in der Breite keine belastbare empirische Basis haben.

1.2 Die Mitgestaltung organisatorischer und personalpolitischer Rahmenbedingungen als Innovationsbeitrag von Betriebsräten

Vor dem genannten Hintergrund bestehen gute Voraussetzungen für die Mitgestaltung von Innovationsprozessen und betrieblicher Innovationsfähigkeit durch Betriebsräte. Offen bleibt jedoch noch, welche konkreten Innovationsbeiträge Betriebsräte leisten können, um die betriebliche Innovationsfähigkeit zu stärken. Welche Rollen stehen Betriebsräten zu Gebote, um sich in einer Innovationskultur zu profilieren?

Während ein Wirken von Betriebsräten als Fachpromotoren in Produktinnovationsprozessen – was nach wie vor den Kern des Innovationsphänomens im allgemeinen Verständnis ausmacht – wohl nur in Ausnahmefällen plausibel erscheint (Dahme/Ganz 2005, S. 25), kommt in Betracht, dass Betriebsräte Impulse zur Weiterentwicklung von Organisation und Personalpolitik einbringen, um innovationsfördernde Rahmenbedingungen mitzugestalten.

Schlüsselpersonen, „Promotorengespanne" oder „Gatekeeper" mögen konkrete Innovationsprojekte voranbringen (vgl. Witte 1973; Hauschildt/Schewe 1996), jedoch sind es die organisatorischen und personellen Rahmenbedingungen, die es ermöglichen, Innovationserfolge nicht nur der Energie Einzelner oder aber dem Zufall zu überlassen, sondern auf Dauer sicherzustellen. Die Bedeutung organisatorischer und personeller Aspekte als ein Humus für Innovationsfähigkeit ist in der Innovationsforschung weithin anerkannt (vgl. Gupta/Singhal 1993; Thom/Etienne 2000; Andriopoulos 2001; Staudt/Kriegesmann 2002).

Dass den innovationsfördernden Rahmenbedingungen ein prominenter Stellenwert beigemessen wird (vgl. Hinterhuber/Stadler 2006; Nippa 2007), führt auf die Einsicht zurück, dass nicht nur Technik mit Innovation gleichzusetzen ist, sondern es kompetente Menschen sind, die Innovationen „machen" – unter eben jenen Rahmenbedingungen, sofern diese ermöglichend und nicht blockierend und demotivierend gestaltet sind. Erst die Kompetenz der Fach- und Führungskräfte in den Betrieben schafft die Basis, kreative Innovationsideen zu generieren und etwa in neue Produkt-Dienstleistungsbündel, in neue technische Verfahren oder neue Organisationskonzepte umzusetzen (vgl. Staudt/Kriegesmann 2002; Kriegesmann/Kerka 2001).

Dass Innovationen von kompetenten Menschen gemacht werden, steht im Mittelpunkt sowohl gewerkschaftlicher Innovationsstrategien (Putzhammer 2005; Klotz 2005; vgl. schon Hinz 1979) als auch im Zentrum von Ansätzen der Innovationsforschung („It is people who push, modify, or drop the innovation", van de Ven 1986, S. 591; vgl. auch Staudt/Kriegesmann 2002). Zum kausalen Nexus von organisatorischen Rahmenbedingungen, individueller Kompetenz und der Innovationsfähigkeit von Organisationen formuliert ein Autor der bekannten *Minnesota Studies* wie folgt:

> „Organizations need to create and sustain conditions so that people want to innovate and so that people can innovate. Organizations that neglect either aspect place their innovative capacity at risk." (Angle 2000, S. 165)

Das Konzept der innovationsförderlichen Rahmenbedingungen ist dabei sehr vielfältig und berührt verschiedene Unternehmensebenen (vgl. Vahs/Schmitt 2010; Nippa 2007; Hinterhuber/Stadler 2006; Kriegesmann/Kerka 2007). Damit die Fach- und Führungskräfte ihre Kompetenzen entwickeln und zur Entfaltung bringen können, ist insbesondere die Gestaltung des personalwirtschaftlichen und organisatorischen Humus von zentraler Bedeutung. Beispiele sind zu finden im Bereich der Personalauswahl, die die Kreativität der Mitarbeiter/-innen (wieder) entdecken soll, oder im Bereich der Kompetenzentwicklung, die jenseits seminaristischer Weiterbildung individuelle Lernprozesse mit Innovationsprozessen verzahnt (Kriegesmann/Kerka 2007; Staudt/Kriegesmann 2002). Gestaltungsempfehlungen für organisatorische Rahmenbedingungen zur Unterstützung von

Innovationsaufgaben reichen von Empowerment über Anreizsysteme und die Schaffung offener Kommunikationsstrukturen (vgl. Albers/Eggers 1991; Dougherty 1996; Claver et al. 1998; Bodewes 2002; Wall et al. 2002; Martins/Terblanche 2003) bis hin zur Implementierung von „Communities of Practice" (vgl. Wenger et al. 2002; Wenger 2000). Auch der Bereich des Ideenmanagements ist hier zu nennen (vgl. Kerka 2011; vgl. auch Imai 1998; Binner 2008; Kerka 2010).

Während an Gestaltungsrezepten für innovationsfördernde Rahmenbedingungen mithin kein Mangel herrscht, ist die Umsetzung in den Betrieben jedoch sehr unterschiedlich ausgeprägt. Eine Polarisierung zwischen Beispielen für verankerte „Gute Arbeit" (vgl. Fuchs 2006; Schwemmle/Zanker 2005) und Betrieben mit weitgehend unerschlossenen Innovationspotenzialen scheint sich zu verfestigen (Klotz 2005). Während erfolgreich innovierende Unternehmen mehr in die Kompetenzen ihrer Fach- und Führungskräfte investieren und auch neue Wege beschreiten, indem sie lernförderliche und motivierende organisatorische Bedingungen schaffen (Oliver/Kandadi 2006; Bertelsmann Stiftung 2008), werden in vielen Unternehmen die Innovationsideen der Mitarbeiterinnen und Mitarbeiter nicht oder nur unzureichend ausgeschöpft (Zink 2007). Eine stärker innovationsorientierte Mitbestimmung könnte gerade in diesen Bereichen zusätzliche Impulse für die Steigerung der betrieblichen Innovations- und Wettbewerbsfähigkeit und damit zur Sicherung von Beschäftigung liefern. Dabei schließt das betriebsrätliche Interesse an der Mitgestaltung von Innovationen auch eine kritische Reflexion möglicher ambivalenter Wirkungen und Risiken von Innovationen ein.

Betriebsräte sind Experten für die Arbeitsbedingungen der Menschen, die Innovationen „machen". Betriebsräte könnten daher auch zu Experten für „Innovationsvorbereitung" im Sinne einer innovationsorientierten Mitgestaltung organisatorischer und personalpolitischer Aspekte avancieren. Die „Kernkompetenzen" betrieblicher Mitbestimmung liegen in Bereichen, die als Stellhebel für Innovationsfähigkeit anerkannt sind. Die Mitgestaltung einer Innovationskultur – eben nicht nur auf Hochglanzschriften, sondern bei der konkreten Arbeit an Innovation und Verbesserung vor Ort – eröffnet ein bislang unzureichend beachtetes Feld für Träger der Mitbestimmung. Das Interesse an innovativen Strukturen und Prozessen nimmt zu (vgl. Vahs/Schmitt 2010) – jedoch werden die Diskussionen zumeist losgelöst von Fragen der Mitbestimmung geführt. Auch wird eine Berücksichtigung möglicher mitgestaltender Rollen von Betriebsräten dabei meist nicht thematisiert.

Abbildung 1 fasst die wesentlichen Konzepte zum Wirkungsgefüge von Mitbestimmung und Innovation im Rahmen dieser Studie zusammen: Personalpolitik und organisatorische Bedingungen sind Einflussgrößen einer innovationsfähigen und innovationsbereiten Belegschaft. Die Mitgestaltung dieser Bedingungen kann zur Entwicklung und Entfaltung der Kompetenz der Fach- und Führungskräfte beitragen. Indirekt wird damit ein fruchtbarer Boden für betriebliche Innovationsfähigkeit und zukünftige Innovationserfolge bereitet.

Abb. 1: Wirkungsgefüge „Mitbestimmung und Innovation"

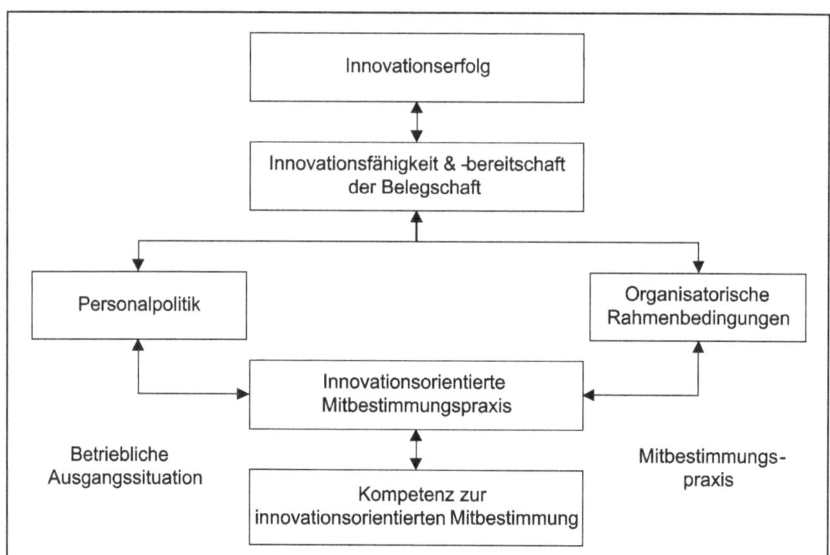

Über den Zugriff auf die organisatorischen Rahmenbedingungen und die Mitgestaltung der Personalpolitik vermögen Betriebsräte also mindestens das Potenzial für zukünftige Innovationen, die Innovationsfähigkeit, zu beeinflussen. Wie die Träger der Mitbestimmung auf der Basis ihrer jeweiligen Ausgangssituation eine solche innovationsorientierte Mitbestimmungspraxis ausüben, hängt entscheidend von ihrer Kompetenz ab. Sich in diesem Feld einzubringen, und zwar zusätzlich zum betriebsrätlichen Tagesgeschäft, birgt erhebliche Anforderungen an Betriebsräte. Welche Spannungsfelder und Barrieren einem betriebsrätlichen Engagement für konkrete Innovationen und zur Steigerung der Innovationsfähigkeit unter Umständen entgegenstehen, ist dabei noch zu analysieren.

Bevor die skizzierten Zusammenhänge in dieser Studie empirisch zu beschreiben sind, werden in *Kapitel 2* der methodische Zugang und das empirische Fundament der Analysen charakterisiert. Dabei wird der bislang in großzahligen Studien zu Innovation und Mitbestimmung vernachlässigten Perspektive der Betriebsräte besonderes Gewicht verschafft. Daher stand (auf der Grundlage einer Kooperation mit dem Wirtschafts- und Sozialwissenschaftlichen Institut [WSI] der Hans-Böckler-Stiftung) eine Querschnittserhebung mit dem Themenschwerpunkt „Betriebliche Innovationsfähigkeit“ im Rahmen der WSI-Betriebsrätebefragung 2008/2009 im Mittelpunkt. Von einem Dienstleister wurden repräsentativ für die deutsche Wirtschaft 1.700 Betriebsräte telefonisch befragt. Komplementär gründet die vorliegende Studie auf qualitativen Ergebnissen von 25 Betriebsfallstudien in den Branchen Chemie, Maschinenbau und IT-Industrie. In teilstrukturierten Interviews wurden sowohl Betriebsräte als auch Managementvertreter befragt. Die Projektergebnisse wurden in Workshops mit Betriebsräten vorgestellt und diskutiert.

Kapitel 3 dient einer empirischen Bestandsaufnahme, welche Konturen das Betriebsratshandeln im Zusammenhang mit Innovationsprozessen aufweist. Zu erwarten ist ein weites Spektrum innovationsorientierter Partizipationsmuster, einerseits zu beschreiben als eine aktive oder passive Rollenwahrnehmung durch die Interessenvertreter, andererseits zu charakterisieren durch die Bereitschaft des Managements, überhaupt eine Mitgestaltung von Innovationsvorhaben durch die Betriebsräte zu konzedieren. Wir reduzieren die empirische Komplexität auf eine „Betriebsrats-Typologie“ von fünf innovationsorientierten Partizipationsmustern, die in der weiteren Studie zur Ergebnisdifferenzierung dienen.

Die empirische Bestandsaufnahme mündet in *Kapitel 4* in einen Beitrag zum vieldiskutierten Zusammenhang von Betriebsratshandeln und dem Innovationsverhalten von Betrieben: Welche innovationsorientierten Partizipationsmuster sind in besonders innovationsstarken Unternehmen zu finden? Mit den Daten der WSI-Betriebsrätebefragung 2008/2009 ist hierzu eine Einschätzung aus der Perspektive der Betriebsräte möglich.

Nach den Ergebnissen zum Zusammenhang von Mitbestimmung und Innovation wird in *Kapitel 5* die Frage nach den konkreten Innovationsbeiträgen der Betriebsräte vertieft: Inwieweit betreiben Interessenvertreter eine Mitgestaltung betrieblicher Rahmenbedingungen, um die Innovationsfähigkeit des Betriebes zu stärken? Engagieren sie sich als „Innovationsvorbereiter“ für die Mitgestaltung von Arbeitsorganisation und Personalpolitik? Welche Beispiele für „Gute Praxis“ sind hier zu finden – und welche Spannungsfelder zwischen Betriebsrat und Management oder zwischen Betriebsrat und Belegschaft sind dabei zu beobachten?

In *Kapitel 6* diskutieren wir, welche Hinderungsgründe und Barrieren einer noch stärkeren Etablierung eines Mitbestimmungs- und Mitgestaltungsfeldes Innovation entgegenstehen.

Schließlich bündeln wir in *Kapitel 7* in einer „Orientierungshilfe für Betriebsräte im Mitbestimmungsfeld Innovation“ ausgewählte Ansatzpunkte und Umsetzungsempfehlungen, die Betriebsräten einen Einstieg in das Thema Innovation und die aktive Mitgestaltung personalpolitischer und organisatorischer Bedingungen ermöglichen können. Dabei wird es auch um eine Weiterentwicklung der Organisation Betriebsrat gehen, denn Engagement für Innovation ist immer zusätzlich zu einem anspruchsvollen Tagesgeschäft zu leisten und wird nur durch das Zusammenwirken des ganzen Betriebsratsgremiums möglich sein. Unter Umständen werden eine Neupositionierung des Gremiums und ein neues Aushandeln von Aufgaben im Betriebsrat notwendig sein. Der Einstieg in das derzeit noch vage Mitbestimmungsfeld Innovation setzt daher vielfach die Bereitschaft der betrieblichen Interessenvertreter voraus, selbst Neuland zu betreten.

2 Methodisches Vorgehen und Samplecharakteristik

Um das Wirkungsgefüge von Innovation und Mitbestimmung empirisch analysieren zu können, wurde ein Mix aus qualitativen und quantitativen Forschungsmethoden umgesetzt: Eine qualitativ-empirische Fallstudienreihe (vgl. Kap. 2.1) ermöglicht die Beschreibung von realen Anwendungsfällen und Spannungsfeldern bei Innovationsbeiträgen von Betriebsräten. Der Rückgriff auf Daten der mit dem WSI gemeinschaftlich durchgeführten Betriebsrätebefragung (vgl. Kap. 2.2) zielt auf eine belastbare Bestandsaufnahme zur betrieblichen Innovationsfähigkeit aus der Perspektive der Interessenvertreter.

2.1 Betriebsfallstudien zu Mitbestimmung und Innovation: Qualitative Interviews mit Betriebsräten und Managementvertretern

Die Fallstudien-Interviews wurden mittels teilstrukturierter Befragungen durchgeführt. Neben narrativen Passagen wurden dabei auf der Basis von Literaturanalysen entwickelte Leitfäden eingesetzt. Die qualitativen Interviews wurden – die Einwilligung der Untersuchungspartner vorausgesetzt – aufgezeichnet und anschließend transkribiert. Die Ergebnisse der qualitativen Interviews wurden verdichtet und auf der Basis der modellierten Gesamtzusammenhänge ausgewertet. Um unterschiedliche Perspektiven abzudecken, wurden nicht nur Betriebsräte, sondern auch Managementvertreter und in einigen Fällen Mitglieder der Belegschaft face-to-face interviewt. Die befragten Arbeitnehmervertreter bekleideten zum Teil Positionen in den Aufsichtsräten, was zusätzliche Perspektiven auf die gelebte Mitbestimmungspraxis ermöglichte.

Bei der Auswahl der Fallstudienbetriebe[3] wurde ein ausgewogenes Sample aus Betrieben mit unterschiedlichen strukturellen Rahmenbedingungen angestrebt, welche sowohl die allgemeine Betriebsratsarbeit als auch eine mögliche innovationsorientierte betriebliche Mitbestimmung vielfältig beeinflussen:

– Die drei Branchen Maschinenbau, Chemie und Informationstechnologie (IT) zeichnen sich einerseits durch eine unterschiedliche Innovationsdynamik, andererseits durch eine Diversität der gewachsenen Mitbestimmungskulturen aus, die auch in den unterschiedlichen Bedingungen der einzelnen Branchen begründet sind: Die Chemische/Pharma-Industrie verfügt als großbetrieblich geprägte Branche in der Regel über eine etablierte und strukturell

3 Eine tabellarische Darstellung der Fallstudienbetriebe ist im Anhang zu finden.

gut verankerte Mitbestimmung. Der Maschinenbau deckt die – häufig noch unternehmergeführte – mittelständische Wirtschaft mit sehr unterschiedlich ausgeprägten Mitbestimmungspraktiken ab. Die IT-Industrie schließlich stellt einen Bereich mit einer schwächeren Mitbestimmungskultur und eher informellen Mitbestimmungsformen dar.

- Die Beschäftigtenzahl determiniert die Betriebsratsgröße und die Zahl der freigestellten Betriebsratsmitglieder. Beides kann einen Einfluss auf die Ressourcen und die Kapazitäten des Betriebsrats zur Beschäftigung mit innovatorischen Fragestellungen haben. Die durch die Betriebsgröße in Verbindung mit der Rechtsform des Unternehmens begründete Unternehmensmitbestimmung kann über zusätzliche Informations- und Machtressourcen zu größeren Einflussmöglichkeiten für die Arbeitnehmervertreter bei Innovationsprojekten führen.
- Die Leitungsstruktur prägt das betriebliche Innovationsgeschehen und damit auch das Innovationsverhalten der Betriebsräte. Anders als angestellte Manager sind eigentümergeführte Unternehmensleitungen keinen betriebsexternen Anteilseignern verantwortlich. Betriebsräte benötigen entscheidungsfähige und entscheidungswillige „Gegenspieler“ auf der Arbeitgeberseite. Die hierarchische Bedeutung und der Stellenwert einzelner Betriebe im Hinblick auf nationale und internationale Konzernstrukturen beeinflusst daher die Innovationswirksamkeit von Betriebsräten.
- Auch wenn Betriebsräte immer standortbezogen gewählt werden, sind sie in vielen Fällen in übergeordnete Unternehmensstrukturen eingebunden. Die Standortbedeutung kann die thematischen Schwerpunkte des Innovationsengagements der Betriebsräte beeinflussen. Das Fehlen von Forschungs- und Entwicklungsabteilungen führt dazu, dass wichtige Innovationsimpulse im Produktbereich fehlen und sich das Innovationsgeschehen in den Bereich der Prozessoptimierung und der Gestaltung der Arbeitsorganisation verschiebt.

Das Fallstudiensample zeichnet sich durch eine große Variationsbreite dieser Merkmale aus:

(1) Unternehmen in verschiedenen Größenklassen sind vertreten. Die Beschäftigtenzahl in den Betrieben reicht von 80 Mitarbeitern bis zu Großstandorten mit über 7.000 Beschäftigten.
(2) Hinsichtlich der Unternehmenskonstitution und der daraus resultierenden Unternehmensmitbestimmung sind unterschiedliche Rechtsformen zu erkennen, wobei Kapitalgesellschaften unterschiedlicher Größenklassen und damit unterschiedlich große Aufsichtsräte überwiegen.
(3) Weiterhin umfasst das Fallstudiensample nicht nur Unternehmen, die von einem angestellten Management geführt werden, sondern auch Unterneh-

men – insbesondere im Maschinenbau –, in denen die Geschäftsführung vom Eigentümer getragen wird.

(4) Neben Einzelbetrieben sind im Sample auch unterschiedliche Formen der Einbindung in nationale und internationale Unternehmensstrukturen zu finden. Dabei sind sowohl Haupt- oder Konzernsitze (bei internationalen Konzernen der Hauptsitz der deutschen Tochter) als auch Tochterunternehmen vertreten. Im Bereich der chemischen Industrie gibt es zudem Betriebe als reine Produktionsstandorte, ohne Unternehmensfunktionen wie Forschung und Entwicklung oder Vertriebsaufgaben.

Neben Unterschieden im Hinblick auf derartige formale Kriterien sollte bei der Auswahl der Fallstudienbetriebe ein Fokus auf Unternehmen, die sich etwa im Rahmen von Innovationswettbewerben exponiert haben und im öffentlichen Fokus stehen, verhindert werden. Im Verlauf der Akquise von Fallstudienbetrieben wurde aber deutlich, dass ein Bias auf innovationsaktive Betriebe und „innovationsgeneigte" Betriebsräte nicht völlig zu vermeiden war. Betriebe ohne Innovationsaktivitäten sind in der Fallstudienreihe daher nicht vertreten. Während die Beschreibung von betriebsrätlicher „Guter Praxis" durch die Fallstudien zu fundieren ist, deckt das Sample nicht die vollständige Bandbreite des betrieblichen Innovationsverhaltens ab.

Differenzen zwischen dem Fallstudien-Sample und der repräsentativen Betriebsrätebefragung ergeben sich auch hinsichtlich der Freistellung der Betriebsräte. Deren Anzahl ist abhängig von der Unternehmensgröße, welche wesentlich die Ressourcenausstattung für Innovationen determiniert. Während die meisten Betriebsräte *nicht* freigestellt sind,[4] kehrt sich dieses Verhältnis in den Fallstudienbetrieben um: Bei 26 Betriebsratsgremien gab es hier lediglich in zwei Fällen keine Freistellung. In den übrigen Betrieben variierte die Anzahl der Freistellungen zwischen einem freigestellten Betriebsrat und 14 Freigestellten.

Die Fallstudienreihe führte zu einer Fülle von Erkenntnissen, neuen Aspekten und Perspektiven. Im Rahmen der Feldphase kam es dadurch zu Anpassungen im Leitfaden für die Betriebsratsinterviews. Zusätzlich zu der ersten qualitativen Befragungswelle wurden daher – im Sinne eines iterativen Forschungsansatzes – mittels eines standardisierten „Kurzfragebogens" ausgewählte Bereiche schriftlich abgefragt. Diese Nacherhebung wurde nur unter den befragten Betriebsräten und nicht unter den Managementvertretern durchgeführt. Die Betriebsräte wurden gebeten, ihre eigene Situation respektive die Situation ihres Gremiums bezüglich eines Sets von Aussagen zum Handlungsfeld „Mitbestim-

---

4 Mit den Daten der WSI-Betriebsrätebefragung 2008/2009 ist der Anteil von Betriebsratsgremien ohne Freistellung auf 71,3% (mit einer Freistellung: 16,1%; mit zwei Freistellungen: 6,2%; mit drei Freistellungen: 2,6%; mit mehr als drei Freistellungen: 3,8%) zu schätzen.

mung und Innovation" auf einer Ratingskala einzuschätzen. Von den 26 Fallstudienbetrieben nahmen 19 Betriebsräte an dieser Nacherhebung teil; entsprechend einer Rücklaufquote von 73%. Die Ergebnisse des Kurzfragebogens stehen als eine ergänzende dritte Datenbasis dieser Studie neben dem hauptsächlichen empirischen Fundament aus Fallstudienreihe und quantitativer Betriebsrätebefragung.

2.2 Mitgestaltung der WSI-Betriebsrätebefragung 2008/2009: Schwerpunkt „Betriebliche Innovationsfähigkeit"

Komplementär zum qualitativen methodischen Zugang über Betriebsfallstudien wurde eine empirische Bestandsaufnahme zu den Formen und Wirkungen einer innovationsorientierten betrieblichen Mitbestimmung angestrebt, um Ergebnisse aus der Fallstudienreihe einordnen und gewichten zu können. Dieses Forschungsziel wurde in einer Kooperation mit dem Wirtschafts- und Sozialwissenschaftlichen Institut (WSI) der Hans-Böckler-Stiftung umgesetzt. Dazu wurde in einer Gemeinschaftsarbeit von IAI und WSI im Rahmen der WSI-Betriebsrätebefragung 2008/2009 der Themenschwerpunkt „Betriebliche Innovationsfähigkeit" konzipiert (vgl. Brehmer/Ziegler 2009).

Auf der Basis von Erkenntnissen aus den qualitativ-empirischen Vorarbeiten und der komplementären Literaturauswertung wurde zusammen mit dem WSI ein standardisiertes Erhebungsinstrument für die Befragung entwickelt (vgl. Ziegler et al. 2010). Folgende Themenschwerpunkte des Erhebungsinstrumentes stehen im Mittelpunkt dieser Publikation:

- die Einbindung des Betriebsrats in das Innovationsgeschehen,
- die Innovationsaktivitäten des Betriebsrats,
- das Innovationsverhalten des Betriebes und
- die Partizipation der Belegschaft.

Die Fragebogenentwicklung wurde durch eine Diskussion des Erhebungsinstrumentes mit Mitarbeitern des *GESIS Mannheim* unterstützt. Die Qualität des Erhebungsinstrumentes wurde anschließend durch einen Pretest sichergestellt. Per CATI-Methode (*C*omputer *A*ssisted *T*elephone *I*nterview) wurde eine repräsentative Stichprobe von 1.700 Betriebsräten über ihre Beteiligung an betrieblichen Innovationsprozessen befragt. Die telefonische Befragung wurde durch das *infas Institut für angewandte Sozialwissenschaft GmbH, Bonn,* operativ durchgeführt.

3 Innovationsorientierte Mitbestimmung? Eine vergleichende empirische Bestandsaufnahme

Eine empirische Bestandsaufnahme zum Wirkungsgefüge von Innovation und betrieblicher Mitbestimmung steht im Mittelpunkt dieses Kapitels. Bevor wir auf Aspekte von innovationsorientiertem Betriebsrats*handeln* eingehen, stellen wir in *Kapitel 3.1* Ergebnisse zur grundsätzlichen Einstellung von Betriebsräten gegenüber Innovationen vor.

Eine vergleichende Perspektive wird dadurch gewonnen, dass in *Kapitel 3.2* unter Rückgriff auf die Daten der WSI-Betriebsrätebefragung 2008/2009 eine Typologie innovationsorientierter Partizipationsmuster entwickelt wird: Wie sind Betriebsräte in managementinitiierte Innovationsprozesse eingebunden, welche „typischen" Formen sind dabei zu unterscheiden?

Die resultierenden fünf innovationsorientierten Partizipationsmuster werden in *Kapitel 3.3* vergleichend charakterisiert: Bei welchen Innovationsarten werden die Betriebsräte eingebunden? Ist das Spektrum auf die klassischen Mitbestimmungsfelder Arbeitsorganisation und Personalpolitik beschränkt? In welchem Umfang bringen Betriebsräte *proaktiv* – losgelöst von Managementinitiativen – eigene Vorschläge zur Mitgestaltung von Innovationen ein? Welche Zusammenhänge zwischen dem Betriebsrats-Typ und betrieblichen Konflikten bestehen? Welchen Stellenwert haben innovationsspezifische Konflikte zwischen Betriebsrat und Management?

3.1 Zur Innovationseinstellung von Betriebsräten

Jenseits des Chancenpotenzials von Innovationen zur Sicherung von Beschäftigung (vgl. Pianta 2005) ist durch Betriebsräte auch zu prüfen, welche Auswirkungen technische oder organisatorische Veränderungen auf Arbeitsbedingungen und Beschäftigung haben (vgl. Ziegler 2010). Dieser Prüf- und Bewertungsprozess sowie die resultierenden Betriebsratsreaktionen werden außerdem davon beeinflusst, wie sich Betriebsräte generell und losgelöst von konkreten Innovationsprojekten positionieren. Wie ist aber die grundlegende Einstellung des Betriebsrats in Bezug auf Innovationen zu beschreiben? Sind Betriebsräte grundsätzlich innovationsgeneigt oder ist eine Skepsis gegenüber Innovationen verbreitet?

Es überwiegt eine „aufgeschlossene" Innovationsorientierung. Eine deutliche Mehrheit (60,3%) der befragten Betriebsräte äußert eine positive Einstellung gegenüber Innovationen. Eine Minderheit von 4,8% lehnt Innovationen eher ab, „da diese häufig zu Lasten der Beschäftigten gehen" (Wortlaut des

Items). Etwas mehr als ein Drittel der Betriebsräte steht dem Thema Innovation neutral gegenüber. Insgesamt legen die Befunde nahe, dass eine noch vor Jahren beobachtete skeptische Distanz betrieblicher Interessenvertreter gegenüber dem Thema Innovation („In den Köpfen vieler Betriebs-/Personalräte und Gewerkschafter war Innovation lange Zeit identisch mit Rationalisierung und Arbeitsplatzvernichtung“, Cox/Rundnagel 2003, S. 13; vgl. auch Putzhammer 2005) mittlerweile einer ausgeprägten „Innovationsgeneigtheit“ gewichen ist.

Tab. 1: Innovationseinstellung von Betriebsräten

„Wie würden Sie die grundlegende Einstellung des Betriebsrats in Bezug auf Innovationen beschreiben?“

	Prozent	Häufigkeit
Der Betriebsrat ist eher positiv eingestellt.	60,3	1.021
Der Betriebsrat steht Innovationen eher neutral gegenüber.	34,9	590
Der Betriebsrat lehnt Innovationen eher ab, da sie häufig zu Lasten der Beschäftigten gehen.	4,8	82
Gesamt[a]	100,0	1.693

a – Das Sample der WSI-Betriebsrätebefragung 2008/2009 umfasst 1.700 Datensätze auf der Basis von telefonischen Befragungen. Sofern Abweichungen von N = 1.700 ausgewiesen sind, beruhen die Differenzen auf fehlenden Werten: Bei allen Fragen standen den Probanden die Optionen „weiß nicht“ oder „verweigert“ zur Verfügung.

Quelle: WSI-Betriebsrätebefragung 2008/2009

Dass die jeweilige betriebliche Beschäftigungsentwicklung einen erwartungskonformen Niederschlag in der Innovationsorientierung der befragten Betriebsräte findet, wird aus Tabelle 2 ersichtlich: Während die Innovationseinstellung der Interessenvertreter aus Betrieben mit unveränderter Beschäftigung im Berichtszeitraum zu 57,6% „eher positiv“ ist, beträgt der Vergleichswert aus der Gruppe mit gestiegener Beschäftigung 66,4%.

In der Summe ist aber auch bei den Interessenvertretern aus Betrieben mit negativer Beschäftigungsentwicklung noch eine grundsätzliche Aufgeschlossenheit gegenüber dem Thema Innovation zu beobachten: 54,5% aus dieser Gruppe geben an, „eher positiv eingestellt“ zu sein. Mit den Befragungsergebnissen ist weiterhin zu zeigen, nach welchen inhaltlichen Kriterien Innovationen von den Betriebsräten bewertet werden.

Unter den Bewertungskriterien lassen sich belegschaftsorientierte (Beschäftigungssicherung, Belastung der Beschäftigten, Qualifikation der Belegschaft, Widerstand in der Belegschaft) und eher unternehmensorientierte Kriterien (Zukunftsfähigkeit des Betriebes, finanzielle Belastung des Unternehmens, Risiko von Fehlschlägen) unterscheiden. Wichtigstes Bewertungskriterium ist die Erhaltung und Sicherung der Beschäftigung, gefolgt von der Belastung der Belegschaft. Bereits an dritter Stelle folgt das Kriterium der Zukunftsfähigkeit des Betriebes. Die nie auszuschließende Möglichkeit des Scheiterns von Innovationsprozessen (vgl. Kerka et al. 2006) spielt für die Betriebsräte eine vergleichsweise untergeordnete Rolle. Diese Untersuchungsergebnisse bestätigen die Am-

Tab. 2: Innovationsorientierung und Beschäftigungsentwicklung

„Wie würden Sie die grundlegende Einstellung des Betriebsrats in Bezug auf Innovationen beschreiben?"

	nach Beschäftigungsentwicklung:			
	gesunken	*unverändert*	*gestiegen*	Gesamt
Betriebsrat lehnt Innovationen eher ab	*6,6*	*4,9*	*3,8*	4,8
Betriebsrat steht Innovation eher neutral gegenüber	*38,9*	*37,6*	*29,8*	34,9
Betriebsrat ist eher positiv eingestellt	*54,5*	*57,6*	*66,4*	60,3
	100,0 n = 455	100,0 n = 556	100,0 n = 684	100,0 N = 1.695

Statistischer Zusammenhang: Kontingenzkoeffizient C = ,11; p = ,000

Quelle: WSI-Betriebsrätebefragung 2008/2009, Angaben in %

Abb. 2: Bewertung von Innovationen: die Kriterien der Betriebsräte

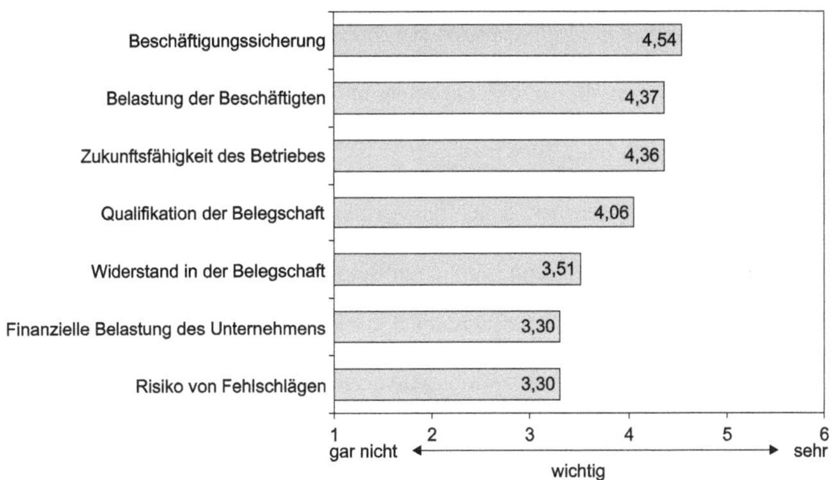

Quelle: WSI-Betriebsrätebefragung 2008/2009, N = 1.700, Angaben sind Mittelwerte

bivalenz von Innovationen für Betriebsräte: Dabei verstehen sich Betriebsräte in erster Linie als Interessenvertreter, die aber gesamtunternehmensorientierte Kriterien nicht aus den Augen verlieren, wie der hohe Rang des Zielkriteriums der „Zukunftsfähigkeit des Betriebes“ unterstreicht.

3.2 Muster innovationsorientierter Partizipation – Entwicklung einer Typologie

Welche Muster innovationsorientierter Partizipation sind auf der Datengrundlage der WSI-Betriebsrätebefragung 2008/2009 zu unterscheiden? In der empirischen Mitbestimmungsforschung herrscht kein Mangel an Versuchen, die unübersichtliche Heterogenität der Interaktionskulturen von Betriebsräten und Management durch die Entwicklung von Typologien in eine strukturierte Vielfalt zu überführen. Neben Betriebsrats-Typologien auf der Basis von Fallstudien (vgl. Kotthoff 1981) stehen quantitativ-empirische Ansätze (Müller-Jentsch/Seitz 1998; Bosch et al. 1999; vgl. auch Nienhüser 2005), welche versuchen, Partizipationsmuster zu unterscheiden und zu belastbaren Verteilungsaussagen für die Grundgesamtheit zu gelangen.

In Summe ist aus diesen Beiträgen zumindest deutlich geworden, dass eine „Operationalisierung des Betriebsratseinflusses durch eine Dummyvariable mit den Ausprägungen ‚Betriebsrat existiert‘ und ‚Betriebsrat existiert nicht‘ (...) als verbesserungswürdig anzusehen“ ist (Dilger 2002, S. 89) – hier knüpfen wir an. Unser Interesse an der vergleichenden Beschreibung innovationsorientierter Partizipationsmuster richtet sich zunächst auf die Einbindung von Betriebsräten bei Innovationsprozessen, die vom Management initiiert wurden. Gewinnen Betriebsräte durch die Einbindung und Beteiligung bei Innovationen „neue Konturen“ (vgl. Müller-Jentsch/Seitz 1998)?

Die Einbindung der Betriebsräte soll sicherstellen, dass die Interessen der Belegschaft angemessen berücksichtigt werden. Als plausible Reaktionsmuster von Betriebsräten im Rahmen der Beteiligung bei managementinitiierten Innovationsprojekten kommen grundsätzlich in Betracht:

(a) *„Zustimmung“* – Betriebsräte können die Pläne der Geschäftsführung ohne Veränderung gleichsam „durchwinken“. Dies kann bedeuten, dass sie sowohl hinsichtlich der Innovationsziele als auch der benutzten Verfahren und Instrumente mit den Arbeitgeberplänen übereinstimmen. Vielfach ist sie jedoch nur Ausdruck fehlender Möglichkeiten der Betriebsräte, Innovationsvorhaben angemessen zu beurteilen, weshalb sie sich einer eigenen Stellungnahme enthalten.

(b) *„Variation/Aushandlung"* – Betriebsratshandeln ist vielfach das Aushandeln von Detailregelungen. Dabei wird der geplante Innovationsgegenstand nicht grundlegend in Frage gestellt, stattdessen versucht der Betriebsrat durch Veränderungen einzelner Details (Umfang der Teilnahme an Qualifizierungsmaßnahmen, Prämienregelungen im Betrieblichen Vorschlagswesen etc.) die Innovation mitarbeiterorientiert zu beeinflussen.

(c) *„Alternative"* – Während es in den ersten beiden Fällen allenfalls zu einer Beeinflussung der Managementpläne kommt, beschreiten Betriebsräte im Fall der Alternativvorschläge gänzlich andere Wege. Zwar werden die Innovationsziele der Geschäftsführung vielfach nicht grundsätzlich abgelehnt, allerdings werden diese durch belegschaftsorientierte Ziele (Beschäftigungssicherung) ergänzt.

Die Mitwirkung an managementinitiierten Innovationsprozessen beruht auf betriebsverfassungsrechtlichen Vorschriften oder der darüber hinausgehenden freiwilligen Einbindung durch die Arbeitgeber. Im Bereich der Arbeitsorganisation und der Personalpolitik können Betriebsräte auf ausgedehnte Mitbestimmungsrechte zurückgreifen, die ihnen große Wirksamkeitspotenziale hinsichtlich der Durchsetzung der Arbeitnehmerinteressen verschaffen. Der Regelungsbereich umfasst neben den Mitbestimmungsrechten über Kollektivmaßnahmen aus dem Katalog des § 87 BetrVG[5] auch die Arbeitsplatzgestaltung (§ 91), die Personalplanung (§ 92), die Gestaltung der Aus- und Weiterbildung (§§ 96ff.) bis hin zur Mitsprache bei personellen Einzelmaßnahmen nach § 99 BetrVG. Für den Bereich der Produktinnovationen sind die Mitwirkungsrechte der Betriebsräte geringer ausgeprägt und beschränken sich auf Informations- und Beratungsrechte (§ 92 a BetrVG).

Innovationsorientierte Partizipation konzipieren wir als einen wechselseitigen Austauschprozess (vgl. Behrens/Kädtler 2005). Während in der Formulierung „Einbindung des Betriebsrats durch das Management" eine gewisse Passivität der Interessenvertreter mitschwingen mag, soll es hier dezidiert sowohl um das Verhalten von Managementvertretern als auch um das Verhalten von Betriebsräten gehen.

Den Rahmen der zu beschreibenden Partizipationsmuster stellen betriebliche Innovationsprozesse dar, die *vom Management initiiert* wurden. Als beschreibende

---

5 Für innovationsorientierte Fragestellungen sind dabei folgende Absätze von § 87 BetrVG von Bedeutung: 6. Einführung und Anwendung von technischen Einrichtungen, die dazu bestimmt sind, das Verhalten oder die Leistung von Arbeitnehmern zu überwachen (von Bedeutung bei der Gestaltung von IT-Systemen), 10. Fragen der betrieblichen Lohngestaltung, 11. Einführung und Anwendung von neuen Entlohnungsmethoden, 12. Grundsätze über das betriebliche Vorschlagswesen und 13. Grundsätze über die Durchführung von Gruppenarbeit.

Variablen zur Unterscheidung „typischer“ Formen von Partizipation spielen jedoch sowohl

- die *Informationspolitik des Managements* als auch
- die *Innovationsbeiträge (Vorschläge, Ideen)* der Betriebsräte eine Rolle.

Fraglich ist also einerseits, inwieweit Betriebsräte vom Management „eingebunden werden“ und andererseits, wie sich die Interessenvertreter „einbinden lassen“ sowie selbst „aktiv einbringen“. Den noch weiter reichenden Fall eines proaktiven Engagements für Innovation im Sinne einer eigenen Initiative, losgelöst von Aktivitäten des Managements, behandeln wir später. Tabelle 3 stellt die Verteilung der Partizipationsvariablen zunächst im Überblick dar:

Tab. 3: Innovationsorientierte Partizipation

	Nein	Ja
Wird der Betriebsrat bei der Planung und Durchführung von Innovationen einbezogen?	29,8%	70,2%
Wie wird der Betriebsrat einbezogen:		
Der BR wird *rechtzeitig und umfassend* informiert.		48,5%
Der BR *beteiligt sich mit eigenen Vorschlägen* an den Veränderungen.		49,2%
Wie wird mit den Vorschlägen des Betriebsrats seitens der Betriebsleitung umgegangen: Die *Vorschläge des BR werden überwiegend berücksichtigt.*		32,6%

Quelle: WSI-Betriebsrätebefragung 2008/2009, N = 1.696

Extremfälle von innovationsorientierter Partizipation sind aus Tabelle 3 direkt zu entnehmen. Auf der einen Seite eines gedachten Kontinuums liegen diejenigen Fälle, in denen die Interessenvertreter bei vom Management initiierten Veränderungen grundsätzlich *nicht* einbezogen werden: 29,8% aller Betriebsräte verneinten die allgemeine Einstiegsfrage nach grundsätzlicher Einbindung bei Innovationen. Diese Fälle wurden bei den weiteren Fragen zur Qualität der Einbindung herausgefiltert. Diesen 29,8% defizitärer „Nicht-Partizipationskulturen“ gegenüber stehen Betriebsräte, die (im Sinne unseres Verständnisses von Innovationspartizipation als *wechselseitiger* Austauschprozess) sowohl vom Management einbezogen werden als auch sich mit eigenen Vorschlägen beteiligen – und diese auch überwiegend durchsetzen können (32,6%, vgl. Tab. 3).

Eine Kombination der die betrieblichen Partizipationsmuster beschreibenden Merkmale über eine mehrdimensionale Tabelle führt zu der angestrebten innovationsorientierten Betriebsrats-Typologie. Zwischen den beiden oben erwähnten extremen Konstellationen sind dabei weitere Partizipationsmuster zu verorten, die sich zu drei „Mischformen“ verdichten lassen. In Summe sind fünf innovationsorientierte Partizipationsmuster zu charakterisieren (vgl. Abb. 3).

Abb. 3: Innovationsorientierte Partizipation: eine Typologie

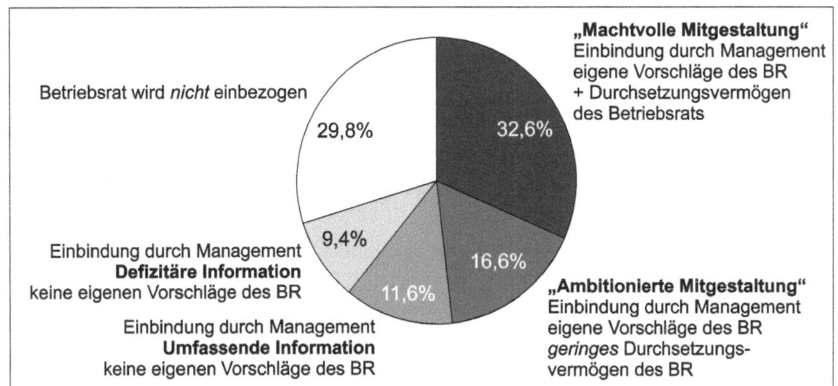

Quelle: WSI-Betriebsrätebefragung 2008/2009, N = 1.696

- Das Partizipationsmuster *„Machtvolle Mitgestaltung"* trifft für 32,6% der Betriebsräte des repräsentativen Samples zu. Diese Interessenvertreter werden nicht nur grundsätzlich bei Innovationen durch das Management einbezogen, sondern beteiligen sich mit eigenen Vorschlägen an den Veränderungen. Mehr noch: Die Innovationsbeiträge der Betriebsräte werden seitens des Managements auch „überwiegend berücksichtigt" (Wortlaut des Items). Diese Betriebsräte bringen also nicht nur eigene Ideen für Veränderung und Verbesserung ein, sondern sind darüber hinaus auch in der Lage, ihre Interessen durchzusetzen. Insoweit sind sie machtvolle Mitgestalter von betrieblichen Innovationen.
- Den „Machtvollen Mitgestaltern" entsprechend, werden weitere 16,6% der befragten Betriebsräte ebenfalls bei managementinitiierten Innovationen einbezogen und beteiligen sich auch mit eigenen Vorschlägen. Im Unterschied zu den „Machtvollen Mitgestaltern" werden die Innovationsbeiträge dieser Betriebsräte aber eher abgelehnt oder nicht weiterverfolgt; die Interessenvertreter können sich also weniger durchsetzen. Da auch dieses Partizipationsmuster durch eine Bereitschaft der Betriebsräte zur aktiven Mitgestaltung gekennzeichnet ist, wählen wir die Bezeichnung *„Ambitionierte Mitgestaltung"*.

  Im Unterschied zur machtvollen respektive ambitionierten Mitgestaltung ist den folgenden Partizipationsmustern gemeinsam, dass die Betriebsräte sich nicht mit eigenen Vorschlägen an Innovationsprozessen beteiligen. Weitere Unterschiede ergeben sich durch die praktizierte Informationspolitik des Managements:

- 11,6% der Betriebsräte bringen keine eigenen Innovationsideen ein, obgleich sie sich *rechtzeitig und umfassend* informiert einschätzen. Ob diese Betriebsräte ihre Möglichkeiten zur Mitgestaltung von Veränderungen nicht vollständig ausschöpfen können oder wollen, können wir auf Basis der Daten nicht klären. Eine funktionierende Arbeitsteilung mit dem Management im Hinblick auf Innovationen („Darum müssen wir Betriebsräte uns nicht auch noch kümmern!") mag eine Ursache sein; ebenso kommen jedoch Kompetenzmängel und/oder Ressourcenengpässe auf Seiten der Betriebsräte in Betracht.
- Weitere 9,4% der Betriebsräte berichten über eine *defizitäre Informationspolitik* des Managements. Die Interessenvertreter in dieser Fallgruppe werden also nicht rechtzeitig und umfassend über Veränderungsvorhaben informiert – mitunter erst nach Beschlüssen über „vollendete Tatsachen".
- Dem fünften, oben schon erwähnten Typus sind schließlich diejenigen 29,8% der Fälle zuzuordnen, bei denen sich die Betriebsräte – im Kontrast zu den vier dargestellten Gruppen – bei der Planung und/oder Durchführung von Innovationen seitens des Managements *nicht einbezogen* sehen.

Nimmt man die Partizipationsmuster „Machtvolle Mitgestaltung" und „Ambitionierte Mitgestaltung" zusammen, so beteiligen sich 49,2% der Betriebsräte mit eigenen Beiträgen an managementinitiierten Innovationen. Insgesamt 70,2% der Betriebsräte werden grundsätzlich einbezogen. Wenn Betriebsräte wirksam eine mitgestaltende Rolle im Innovationsgeschehen einnehmen wollen, ist aber die Qualität der Einbindung von Bedeutung – und hier sind deutliche Unterschiede zwischen den Partizipationsmustern zu sehen. Die empirischen Ergebnisse geben daher Hinweise auf janusköpfige Entwicklungen in den Betrieben:

- Einerseits deutet der mit 32,6% stark vertretene Typus der „Machtvollen Mitgestaltung" eine weitere Verbesserung und wohl auch Versachlichung der Interaktionskulturen im Betrieb an (vgl. Müller-Jentsch/Seitz 1998, S. 369). In wirksamen Mitbestimmungskulturen werden Betriebsräte frühzeitig und umfassend über geplante Veränderungen informiert und bringen eigene Vorschläge ein, die dann auch bei der Innovationsumsetzung berücksichtigt werden.[6] Man ist an das bereits genannte Zitat erinnert: „Die Rollen haben sich geändert: von den kämpfenden Betriebsräten über die bewahren-

6 Eine wirksame Innovationspartizipation nach dem Muster der „Machtvollen Mitgestaltung" wird durch das Vorhandensein eines mitbestimmten Aufsichtsrats im Unternehmen (vgl. dazu Eulerich/Welge 2010) noch begünstigt: In 37,4% der Fälle des Untersuchungssamples der WSI-Befragung 2008/2009 ist ein mitbestimmter Aufsichtsrat im Unternehmen vorhanden. Im Kontrast zum Gesamtsample (vgl. Abb. 3) beträgt der Anteil der „Machtvollen Mitgestalter" in dieser Gruppe 37,5%, in der Gruppe ohne mitbestimmten Aufsichtsrat 30%.

den Betriebsräte zu den gestaltenden Betriebsräten“ (Blauth 2007). Ähnlich pointierte in einem qualitativen Interview dieser Studie ein Betriebsrat: „Klassenkampf ist Geschichte!“

– Andererseits ist mit den Daten der WSI-Betriebsrätebefragung bei 29,8% der Betriebsräte gar nicht von einer Einbindung in das betriebliche Innovationsgeschehen zu sprechen. In defizitären Mitbestimmungskulturen werden Betriebsräte nicht oder verspätet informiert und haben – oder nutzen – dann auch nicht die Möglichkeit, mit eigenen Vorschlägen die geplanten Innovationsmaßnahmen zu beeinflussen. Bei Berücksichtigung eines ganzheitlichen Innovationsbegriffs, der neben Innovationen im Produkt-/Dienstleistungs- und Marktbereich auch Innovationen im arbeitsorganisatorischen, personalpolitischen und sozialen Bereich umfasst, erstaunt der Anteil von 29,8% „nicht einbezogener“ Betriebsräte zunächst.[7] Der Vergleich mit früheren Beiträgen zur empirischen Mitbestimmungsforschung zeigt jedoch ähnliche Befunde. Für die Branche Maschinenbau berichten Müller-Jentsch und Seitz von einem nicht deutlich geringeren Anteil von 25,6% der dort befragten Betriebsräte, die sich an technischen und/oder organisatorischen Veränderungen als „generell nicht beteiligt“ einschätzen (Müller-Jentsch/ Seitz 1998, S. 369).

Führt man den losen Vergleich mit den Befunden zur Partizipation im Maschinenbau fort, so ist mit den Daten der WSI-Betriebsrätebefragung 2008/2009 gleichsam an zwei Enden eines Kontinuums von Partizipation über „Zuwächse“ zu berichten: Einerseits nehmen kooperative Partizipationsmuster („Machtvolle Mitgestaltung“) zu, andererseits scheinen problematische Interaktionskulturen der Nicht-Einbindung oder defizitären Informationspolitik persistent zu sein.

3.3 Vergleichende Charakterisierung der Betriebsrats-Typen

3.3.1 „Machtvolle Mitgestaltung“ – eine Frage der Gremiengröße?

Wir wollen die Charakteristik der fünf Typen innovationsorientierter Partizipation noch erweitern: Von Interesse ist, in welcher „Tiefe“ die Betriebsräte durch das Management eingebunden werden. Bezieht sich die Einbindung auf die Planung von Innovationen oder auf die Phase der Durchführung bzw. Umsetzung? Tabelle 4 bestätigt, dass sich die Machtvollen Mitgestalter auch in dieser Qualität innovationsorientierter Partizipation deutlich abheben. Fast 70% der Macht-

7 Auch in der Konstellation mit einem mitbestimmten Aufsichtsrat im Unternehmen beträgt der Anteil „nicht einbezogener“ Betriebsräte noch 21,2%, in der Gruppe ohne mitbestimmten Aufsichtsrat 34,9%.

vollen Mitgestalter geben an, sowohl bei der Planung als auch bei der Durchführung von Innovationen einbezogen zu werden.

Es mag naheliegend erscheinen, hinter den differenzierten Mustern innovationsorientierter Partizipation einen starken Größeneffekt zu vermuten: Können sich größere Gremien mit gegebenenfalls mehreren freigestellten Betriebsräten eher machtvoll in die Mitgestaltung von Innovationen einbringen? Tabelle 5 zeigt jedoch, dass dieser plausibel zu vermutende Zusammenhang nicht ganz eindeutig ist.

Zwar ist der Anteil „nicht einbezogener" Betriebsräte in der Gruppe „ohne Freistellung" im Vergleich mit den „größeren" Betriebsratsgremien am höchsten

Tab. 4: Umfang der Einbindung von Betriebsräten bei Innovationen

„Wird der Betriebsrat bei der Planung und Durchführung von Innovationen einbezogen?"

	nach Betriebsrats-Typologie:					
	nicht einbezogen	*defizitär informiert*	*umfassend informiert*	*Ambitionierte Mitgestalter*	*Machtvolle Mitgestalter*	Gesamt
Planung und Durchführung	*0,0*	*15,7*	*38,3*	*44,5*	*69,7*	36,0
nur bei der Planung	*0,0*	*15,1*	*25,0*	*21,7*	*12,8*	12,1
nur bei der Durchführung	*0,0*	*69,2*	*36,7*	*33,8*	*17,5*	22,1
BR wird nicht einbezogen	*100,0*	*0,0*	*0,0*	*0,0*	*0,0*	29,8
	100,0	100,0	100,0	100,0	100,0	100,0
	n = 505	n = 159	n = 196	n = 281	n = 554	N = 1.695

Statistischer Zusammenhang: Kontingenzkoeffizient C = ,735; p = ,000

Quelle: WSI-Betriebsrätebefragung 2008/2009, Angaben in %

Tab. 5: Innovationsorientierte Partizipation und Anzahl Freistellungen

	Freistellungen				
	ohne	*1 bis 1,5*	*2 bis 2,5*	*3 und mehr*	Gesamt
BR nicht einbezogen	*34,5*	*16,2*	*18,1*	*22,2*	29,8
BR defizitär informiert	*8,3*	*14,7*	*12,4*	*6,5*	9,4
BR umfassend informiert	*11,4*	*12,5*	*10,5*	*13,0*	11,6
Ambitionierte Mitgestaltung	*14,2*	*22,1*	*19,0*	*27,8*	16,6
Machtvolle Mitgestaltung	*31,6*	*34,6*	*40,0*	*30,6*	32,6
	100,0	100,0	100,0	100,0	100,0
	n = 1.204	n = 272	n = 105	n = 108	N = 1.689

Statistischer Zusammenhang: Kontingenzkoeffizient C= ,192; p= ,000

Quelle: WSI-Betriebsrätebefragung 2008/2009, Angaben in %

(34,5% versus 16,2% bis 22,2%). Jedoch sind in der Gruppe ohne Freistellung auch 31,6% als „Machtvolle Mitgestalter“ einzuordnen – damit nahezu entsprechend dem Anteil von 30,6% „Machtvoller Mitgestalter“ unter den Gremien mit „drei und mehr Freistellungen“.

Mit den Daten der WSI-Betriebsrätebefragung 2008/2009 spielt also die Gremiengröße durchaus eine Rolle; innovationsorientierte Partizipation von der Qualität einer „Machtvollen Mitgestaltung‘“ scheint jedoch prinzipiell auch ohne Freistellung realisierbar zu sein. Der „Faktor Größe“ erklärt nicht alles!

Bei den Betriebsräten des Fallstudien-Samples dieser Studie fehlt der Typus des bei Veränderungsprozessen gänzlich *nicht* eingebundenen Betriebsrats. Wie mit den Daten der WSI-Betriebsrätebefragung zu sehen war, macht diese Konstellation betrieblicher „Nicht-Partizipation“ in der Breite der Mitbestimmungslandschaft fast ein Drittel aus. Durch die Analyse der Fallstudienbetriebe lassen sich jedoch die Spannungsfelder im Mitbestimmungsfeld Innovation (vgl. dazu insbesondere die Kap. 5 und 6) sowie unterschiedliche Einbindungsintensitäten zwischen den Innovationsarten feststellen. Das Spektrum reicht dabei von einer aktiven Einbindung durch das Management bis hin zu einer formal orientierten Einbindung ohne echte Beteiligung. Hinsichtlich der Wirksamkeit überwiegt der Typ des Machtvollen Mitgestalters, lediglich eine Minderheit der Betriebsräte beklagte sich über eine fehlende Berücksichtigung ihrer Ideen.

Dabei sind es insbesondere die Tochtergesellschaften ausländischer Unternehmen, die häufig bei Produktinnovationen und organisatorischen Veränderungen nicht eingebunden sind und auch bei anderen Innovationsfeldern vielfach erst verspätet informiert werden. Außerdem werden Betriebsratsvorschläge mit Hinweis auf internationale Konzernstrategien und Vorgaben oftmals abgelehnt. Zudem fehlt es vielfach an den für wirksames Betriebsratshandeln notwendigen entscheidungsfähigen Verhandlungspartnern, wie der folgende Auszug eines Interviews zeigt:

> „Wenn wir irgendwelche Vorschläge bringen, dann heißt es häufig: ‚Das muss ich erst mit dem Board besprechen. Das ist erst dann und dann.‘ Manchmal ist das, denke ich, auch vorgeschoben. Aber vom Grundsatz her ist es schon so, dass die Entscheidungen in X getroffen werden, von Menschen, mit denen wir überhaupt nicht reden können. Wir haben hier ja nur die Stellvertreter, die zweiten, dritten Stellvertreter.“ (Betriebsratsvorsitzender, Fallstudienbetrieb C-2)

3.3.2 Bei welchen Innovationen werden Betriebsräte eingebunden? Unterschiede nach der Innovationsart

Der Überblick zur innovationsorientierten Partizipation hat ergeben, dass sich 70,2% der Betriebsräte bei managementgetriebenen Innovationsprozessen *grund-*

sätzlich einbezogen sehen. Dieses allgemeine Ergebnis ist jedoch noch erheblich zu differenzieren: Unsere Typologie führt zu fünf Formen von Innovationspartizipation, die sich nach der Qualität und Tiefe der Einbindung deutlich unterscheiden. Während beim Typus der „Machtvollen Mitgestaltung“ auf eine zufriedenstellende Zusammenarbeit von Betriebsrat und Management zu schließen ist, sind bei anderen beschriebenen Partizipationsmustern Defizite zu erkennen. Insbesondere werden 29,8% der Betriebsräte bei der Planung und Durchführung von Innovationen „nicht einbezogen“.

Erste Unterschiede zwischen den vier Betriebsrats-Typen, die grundsätzlich vom Management einbezogen werden, haben wir oben dargestellt. Weitere Kontraste könnten sich ergeben, wenn man nach den substanziellen Innovationsfeldern fragt, in denen die Betriebsräte vom Management einbezogen werden. Womit befassen sich „innovative Betriebsräte“ (Müller-Jentsch/Seitz 1998, S. 381)? Auf welche Innovationsarten bezieht sich Innovationspartizipation?

Die Schwerpunkte der Betriebsratseinbindung liegen eindeutig im Bereich betriebsintern orientierter Innovationen, etwa in den Bereichen der Arbeitsorganisation und der Personal- und Sozialpolitik. Über 90% der Betriebsräte werden in diesen traditionellen Domänen des Betriebsratshandelns bei Innovationen einbezogen (vgl. Abb. 4). Bei Produkt-/Dienstleistungsinnovationen und der Erschließung neuer Märkte ist die Einbindung der Betriebsräte deutlich weniger ausgeprägt: 43,6% respektive 21,9% werden bei diesen Innovationen an der Schnittstelle zum Kunden einbezogen. Mit zunehmender Distanz der Innovationsthemen vom betrieblichen Alltag scheint die Beteiligung der Betriebsräte zu schwinden.

Die Unterschiede zwischen den Innovationsarten erscheinen plausibel: Während es im Bereich der intern orientierten Innovationen ausgebaute und verbind-

Abb. 4: Einbindung von Betriebsräten nach Innovationsarten

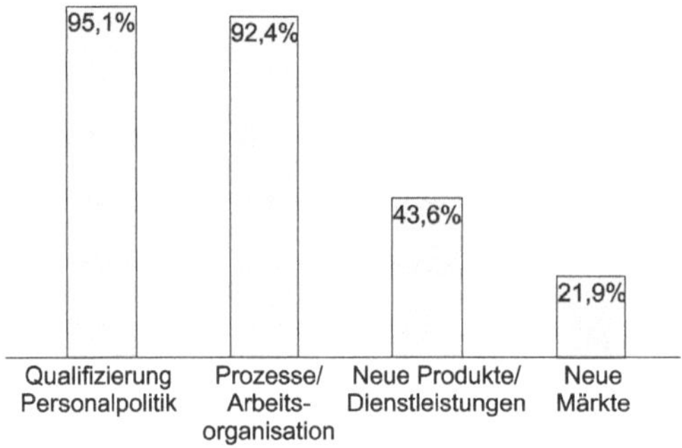

Quelle: WSI-Betriebsrätebefragung 2008/2009, Mehrfachnennungen, N = 1.186–1.190

liche Mitbestimmungsrechte für Betriebsräte gibt, reduziert sich die rechtlich geforderte Einbindung der Betriebsräte im Bereich der extern orientierten Innovationen häufig auf Informations- und Beratungsrechte mit einem deutlich geringeren Bindungsgrad für das Management.

Auch im Vergleich der beschriebenen fünf Partizipationsmuster sind Unterschiede hinsichtlich der Innovationsart zu sehen: Die Machtvollen Mitgestalter werden *intensiver* bei Innovationen eingebunden und betreiben *wirksamere* Interessenvertretung. Darüber hinaus liegt der Anteil der Betriebsräte, die auch in Innovationsbereichen mit externer Orientierung (neue Produkte/Dienstleistungen, Erschließung neuer Märkte) eingebunden werden, mit 53,5% respektive 26,2% in den Gruppen der Machtvollen Mitgestalter jeweils über den Vergleichswerten (vgl. Tab. 6).

Tab. 6: Beteiligung von Betriebsräten bei verschiedenen Innovationsarten

„Bei welchen Innovationsarten wird der Betriebsrat einbezogen?"

	nach Betriebsrats-Typologie:				
	defizitär informiert	*umfassend informiert*	*Ambition. Mitgestalt.*	*Machtvolle Mitgestalt.*	Gesamt
Produkt-/Dienstleistungsinnovation	*25,2*	*33,7*	*41,2*	*53,5*	43,6
Erschließung neuer Märkte	*10,7*	*17,9*	*22,7*	*26,2*	21,9
Prozessinnovationen/arbeitsorg. Innov.	*78,6*	*91,3*	*94,3*	*95,7*	92,4
Personalpolitische Innovation	*84,9*	*96,4*	*95,4*	*97,5*	95,1
	n = 159	n = 196	n = 281	n = 554	N = 1.190

Statistische Zusammenhänge: Kontingenzkoeffizienten = ,13 ≤ C ≤ ,21; p = ,000

Quelle: WSI-Betriebsrätebefragung 2008/2009, Antworten in %

Die Unterschiede zwischen den Betriebsrats-Typen setzen sich fort, wenn man Innovationsarten vergleicht. Offenbar befassen sich „innovative Betriebsräte" (vgl. Müller-Jentsch/Seitz 1998, S. 381) nicht nur mit neuen Formen der Arbeitsorganisation, sondern auch häufiger mit Möglichkeiten zur Weiterentwicklung von Produkten und Dienstleistungen sowie mit der Erschließung neuer Märkte. Dass Interessenvertreter bei der Erschließung neuer Märkte vom Management einbezogen werden, dürfte mit Blick auf die Ergebnisse jedoch als außergewöhnlich einzuordnen sein – wohl auch für 26,2% der Gruppe der „Machtvollen Mitgestalter" (vgl. Tab. 6).

Anders als das Betriebsratshandeln im Produktbereich ist die Gestaltung der Arbeitsorganisation und der Personalpolitik das tägliche Geschäft von Betriebsräten. Wenn es um Arbeitsaufgaben, die Aufgabenteilung zwischen Menschen und Betriebsmitteln, die Zusammenarbeit zwischen Menschen, Informationen und Kommunikation, Arbeitszeit und Entgeltsysteme geht, können Betriebsräte aufgrund der Mitbestimmungsrechte nicht übergangen werden. Die oben empirisch belegte Einschätzung von fast 30% der Betriebsräte, bei Planung und Durchführung von Innovationen in diesem Bereich „nicht einbezogen" zu werden, lässt vermuten, dass die Mitbestimmungsrechte dennoch in der Praxis gegen Übertretungen und Einschränkungen nicht gefeit sind.

Statt bloßer Zustimmung durch den Betriebsrat dominieren Aushandlungs- und Variationsprozesse. Ausgehend von Lösungsvorschlägen, die vom Management erwartet werden, geht es unter der Maßgabe der Beschäftigungssicherheit um die belegschaftsorientierte Ausgestaltung von Veränderungsmaßnahmen. Für Betriebsräte steht weniger die technische Prozessgestaltung im Vordergrund, sie fokussieren sich eher auf die Gestaltung personalbezogener Rahmenbedingungen. Begründet ist dies im Komplexitätsgrad vieler technischer Prozesse, deren Bewältigung mit den Wissensressourcen der Betriebsräte häufig kaum möglich ist. Das Statement „Die Aufgaben sind hier so spezifisch, dass ich mir als Betriebsrat nicht anmaßen würde, zu sagen, das könnte man anders besser machen." (Betriebsrat von I-2), beschreibt diese gleichsam respektvolle Zurückhaltung im Wissen um die eigenen Grenzen.

In vielen Betrieben gibt es routinisierte Abläufe und Betriebsvereinbarungen, wie bei arbeitsorganisatorischen Innovationen (z.B. Einführung neuer Produktions- und IT-Technologien) zu verfahren ist. Im Vordergrund stehen dabei weniger die grundsätzliche Diskussion über die Notwendigkeit solcher Innovationen – viele Betriebsräte plädieren ausdrücklich für eine zeitgemäße Betriebsausstattung – als vielmehr Fragen der Auswahl der betroffenen Mitarbeiter bzw. des innerbetrieblichen Alternativeinsatzes von Mitarbeitern, deren Arbeitsplatz zukünftig wegfällt, sowie der Durchführung notwendiger Qualifizierungsmaßnahmen für die von den Innovationen betroffenen Mitarbeiter. Betriebsräte kontrollieren, ob die geplanten Maßnahmen quantitativ und qualitativ ausreichen, um die Betroffenen für die neuen Arbeitsaufgaben vorzubereiten. Zudem sorgen sie durch die Sicherung geeigneter Auswahlverfahren dafür, dass Mitarbeiter im Auswahlprozess für Qualifizierungsmaßnahmen nicht übergangen werden. Dies geschieht entweder durch direkte Intervention für einzelne Mitarbeiter oder durch Beeinflussung des Auswahlverfahrens.

Wenn Unternehmensleitungen versuchen, rasche Kostenreduktionen durch belegschaftsbelastende Maßnahmen (z.B. Entgeltkürzungen oder Beschäftigungsabbau) zu erreichen, entwickeln Betriebsräte Alternativvorschläge (z.B. neue Arbeitszeitmodelle und Veränderungen der Arbeitsorganisation), mit denen die angestrebten Kostenziele mit weniger negativen Folgen für die Beschäftigten erreicht werden können, wie zum Beispiel im Maschinenbauunternehmen M-9, das zur Jahrtausendwende in eine existenzbedrohende Situation geraten war. Die vom Management angestrebte Kreditverlängerung bzw. -erweiterung wurde von den beteiligten Banken an ein von bankeneigenen Beratern erarbeitetes Restrukturierungskonzept gebunden. Dieses fokussierte stark auf Arbeitszeitverlängerung und Beschäftigungsabbau. In Zusammenarbeit mit einem gewerkschaftsnahen Beratungsunternehmen erarbeitete der Betriebsrat ein Gegenkonzept, welches analoge Kostenziele durch arbeitsorganisatorische Maßnahmen erreichte und durch die deutliche Reduzierung des Personalabbaus die langfristige Unternehmensperspektive besser berücksichtigte. Das Lösungskonzept des Betriebsrats wurde später in Abstimmung mit den Bankenvertretern zur Grundlage der Sanierungsmaßnahmen gemacht.

Bei der Dominanz der Einbindung in arbeitsorganisatorische und personalpolitische Innovationen sind jedoch die Interdependenzen der verschiedenen Innovationsarten zu berücksichtigen. Wichtige Innovationsbeiträge der Interessenvertreter können darin bestehen, durch das Mitdenken von Kompetenzentwicklungsbedarfen schon in frühen Innovationsphasen die Umsetzung von Produkt- und Dienstleistungsinnovationen sicherzustellen. Das intensive Eingebundensein in die Qualifizierung und Personalpolitik kann wichtige „indirekte" vorbereitende und unterstützende Effekte für Veränderungen im Bereich der Produkte und Dienstleistungen haben.

Zur Einbindung von Betriebsräten bei Produkt-/Dienstleistungsinnovationen

Jenseits dieses Erinnerns an die Interdependenz von intern und extern orientierten Innovationen stellt sich die Frage: Welche Gründe hindern Betriebsräte, sich stärker im Bereich Produkt-/Dienstleistungsinnovationen respektive bei der Erschließung neuer Märkte zu engagieren? Die folgende Darstellung greift auf Ergebnisse der Fallstudienreihe zurück: Ursächlich für das eher zurückhaltende Engagement im Bereich der Produkt- und Marktinnovationen ist hauptsächlich das fehlende Fachwissen der Betriebsräte, um Innovationsprojekte eigenständig beurteilen und gegebenenfalls Alternativen aufzeigen zu können. Die Beurteilung von Produkt- und Marktstrategien verlangt neben technischem Wissen auch betriebswirtschaftliche Kenntnisse, das Wissen über wichtige Entwicklungen bei Kunden bzw. am Markt bis hin zu technologischen Tendenzen. Hier hindern Kompetenzdefizite die Betriebsräte oft an einer konstruktiven Beteiligung.

Die Gründe hierfür sind unterschiedlich: In vielen Betriebsräten sind Schwerpunktbildungen bei der Mitgliederstruktur festzustellen. Insbesondere kundennahe Bereiche (Vertrieb) oder Forschung und Entwicklung sind selten vertreten – ein Manko, welches auch von den Arbeitgebern erkannt wird, wie in dem folgenden Interviewauszug aufscheint:

> „Der Betriebsrat wird dominiert von Verwaltungsmitarbeitern – aus dem Back-Office-Bereich. Das ist eine eher unglückliche Konstellation, weil sie letztendlich die Hauptwerttreiber unseres Geschäfts – und das sind Beratungsleistungen –

> nicht aus eigener Erfahrung heraus verstehen." (Geschäftsführer des IT-Beratungsunternehmens I-4)

Betriebsräten fehlen so vielfach Wissen und Erfahrungen aus erster Hand, um technologische sowie marktliche Entwicklungen und Trends einschätzen zu können. Zwar gibt es in größeren Unternehmen auf Aufsichtsratsebene eigene Treffen der Arbeitnehmervertreter im Aufsichtsrat mit den Forschungsverantwortlichen, doch auch hier gilt:

> „Da darf man sich als Betriebsrat auch nicht überschätzen! Wenn man uns so ein Technologie-Thema nennt, dann werden wir als Betriebsrat nicht sagen: Nein, das ist falsch gelagert, das sehen wir ganz anders." (Mitglied des Aufsichtsrats von C-5)

Eine Schwerpunktbildung in der Mitarbeiterstruktur ist vielfach Ausdruck einer fehlenden Anbindung an die Gesamtbelegschaft. Diesen Betriebsräten gelingt es auch seltener, sich gesamtbetrieblich so zu vernetzen, dass das fehlende eigene Wissen durch die Inanspruchnahme innerbetrieblicher Sachverständiger kompensiert werden kann. Die eingeschränkte Vernetzung der Betriebsräte wird von den Managementvertretern, die die Betriebsratsarbeit auf rechtlich notwendige Bereiche beschränken wollen, nicht ungern gesehen. Ein darüber hinausgehendes Betriebsratsengagement wird eher als unerwünschte Belastung des betrieblichen Arbeitsgeschehens angesehen. „Dass keine Vertriebsmitarbeiter im Betriebsrat sind, ist uns auch ganz recht. Die sollen lieber draußen herumfahren und die Produkte verkaufen." (Personalchefin von I-1)

Neben technische Defizite treten Probleme bei der betriebswirtschaftlichen Bewertung von Innovationen. Die Berufsbiografien vieler Betriebsratsmitglieder sind durch eine Tätigkeit in gewerblichen Bereichen geprägt, weshalb sie häufig nur über begrenztes Wissen bei betriebswirtschaftlichen Themen verfügen. „Ohne diese betriebswirtschaftliche Vorbildung ist es schwer, die Prozesse zu durchschauen." (Betriebsrat von I-7) Die angebotenen Betriebsratsschulungen reichen in der Regel nicht aus, um Planrechnungen etc. eigenständig analysieren zu können. Betriebsräte müssen sich daher auf die Aktivitäten der Arbeitgeber verlassen – oder aber spezifische Unterstützungsleistungen aktivieren (vgl. dazu Kap. 3.3.6).

Diejenigen Betriebsräte, die hingegen das betriebswirtschaftliche Einmaleins beherrschen, werden eher als kompetente Gesprächspartner wahrgenommen, die nicht erst langwierig von der Notwendigkeit geplanter Innovationsprojekte überzeugt werden müssen, sondern bei denen man sich sofort auf die gemeinsame Erarbeitung belegschaftsorientierter Lösungskonzepte konzentrieren kann. Der folgende Auszug eines Interviews belegt diese These:

> „Dass da jetzt ein Controller drin ist, hat auch die Arbeit für uns erleichtert! Es geht einfach schneller. Sehr oft hat der die Zahlen ja selbst erarbeitet. Da müssen

> wir dann nicht mehr viel erklären, das kann er dann selbst tun." (Produktionsleiter von M-7)

Insgesamt betrachten Betriebsräte Produkt- und Marktinnovationen nicht als ihr Kernarbeitsfeld und setzen andere Schwerpunkte. Innovationsbeiträge im Bereich neuer Produkte und Dienstleistungen stellen erweiterte Kompetenzanforderungen und werden deshalb als zusätzliche Belastungen neben dem „Tagesgeschäft" wahrgenommen. Insbesondere in kleineren Betrieben konzentriert man sich auf die Abarbeitung der „normalen" Anfragen an den Betriebsrat und belässt es bei der zustimmenden Mitwirkung in den selten tagenden Beratungsgremien. Diese Überlastungssituation wird durch die ungleiche Verteilung der Betriebsratsaktivität zwischen den einzelnen Betriebsratsmitgliedern verstärkt.

Die proaktive Entwicklung von Alternativvorschlägen im Produkt- und Marktbereich (Portfolio-Workshops, Produkt-Ideengenerierung) wurde nur in Ausnahmefällen von den Betriebsräten aus den Fallstudienbetrieben geschildert. Ausgangspunkt war jeweils das Agieren in einer Unternehmenskrise:

- Im *Maschinenbauunternehmen M-3* entwickelte der Betriebsrat unter Beteiligung von externen Beratern nach der Bewältigung der akuten Krise Vorschläge zur besseren Auslastung des Maschinenparks durch neue Produktideen. Es kam hier auch tatsächlich zu ersten Umsetzungsschritten, allerdings nur, weil es auf Seiten der Unternehmensleitung ähnliche Ideen gab und unabhängig vom Betriebsrat bereits erste Vorstudien zu dem neuen Produkt in der Forschungs- und Entwicklungsabteilung angelaufen waren. Letztlich kam das Projekt aber nicht über das Prototypen-Stadium hinaus, weil zwischenzeitlich ein ähnliches Produkt am Markt eingeführt worden war und die Unternehmensleitung daraufhin keine ausreichenden Absatzmöglichkeiten für das eigene Produkt sah und das Projekt einstellte.
- Das *Maschinenbauunternehmen M-5* war durch die Übernahme eines die Unternehmensressourcen weit übersteigenden Kundenprojekts in eine Schieflage geraten. Initiiert vom Betriebsrat, verabredeten sich dieser und die Unternehmensleitung zu einem gemeinsamen, moderierten Workshop zur zukünftigen Unternehmensstrategie. Auch wenn nicht alle Ergebnisse dieses Workshops in die aktuelle Unternehmensstrategie eingearbeitet wurden, sind doch wesentliche Teile des Workshops wiedererkennbar.

Betriebsräte entdecken das Themenfeld Produkt- und Marktinnovationen häufig erst, wenn die Beschäftigung tatsächlich akut gefährdet ist. Nur wenige Betriebsräte der Fallstudienunternehmen engagieren sich kontinuierlich in diesem Bereich. Diese Betriebsräte versuchen, in Krisensituationen frühzeitig gegenzusteuern, damit sie „hinterher nicht immer die Scherben zusammenkehren müssen." (Betriebsratsvorsitzender von M-9)

Insgesamt gilt im Bereich der Produktinnovationen: „Über Innovationen streiten wir uns eigentlich nicht mit der Geschäftsführung.“ (Betriebsrat von C-5), d.h. in den meisten Betrieben herrscht ein weitgehender Konsens über die angestrebten Innovationsstrategien und Projekte. Einerseits, weil Betriebsräte keine potenziellen Alternativen entwickeln, sondern sich auf das unternehmerische Geschick ihres Managements verlassen, andererseits, weil die Bedeutung des betrieblichen Engagements in diesem Bereich auch im Management unumstritten ist und sich in einer aus Sicht der Betriebsräte angemessenen Ausgestaltung der Budgets und der Ressourcen für Forschung und Entwicklung abbildet.

3.3.3 Proaktive Innovationsbeiträge von Betriebsräten

Betriebsratsengagement in Innovationsfragen ist nicht auf die Einbindung/Nicht-Einbindung in managementinitiierte Innovationsprojekte beschränkt. Die Initiative für Innovationen kann auch losgelöst vom Management proaktiv durch den Betriebsrat erfolgen. Betriebsräte können dabei ihre angestammten Arbeitsbereiche Arbeitsorganisation und Personalpolitik hinter sich lassen und Ideen und Vorschläge für neue Produkte oder für Marktinnovationen einbringen. Indem Betriebsräte proaktiv Ideen einbringen, werden sie als „Innovationstreiber“ tätig – eine Zuschreibung, mit der über den Erfolg der jeweiligen Initiative freilich noch nichts ausgesagt ist.

Die Daten der WSI-Betriebsrätebefragung 2008/2009 zeigen: Proaktives Innovationshandeln im Sinne eigener Innovationsinitiativen von Betriebsräten ist keineswegs eine exotische Erscheinung, sie werden „gelegentlich“ (45,2%) oder „selten“ (31,2%) eingebracht. 13,5% der Betriebsräte beteiligen sich sogar „häufig“ eigeninitiativ am betrieblichen Innovationsgeschehen. Lediglich eine Minderheit von 10% der interviewten Interessenvertreter hat noch nie mit eigenen Vorschlägen proaktiv die Initiative ergriffen (vgl. Abb. 5).

In Summe haben 90% der Betriebsräte bereits eigene Ideen ins betriebliche Innovationsgeschehen eingespeist. Dieses „dichotomisierte“ Ergebnis ist aber, wie bereits erwähnt, noch stark nach der Häufigkeit zu differenzieren. Für die Mehrheit der Betriebsräte steht proaktives Innovationshandeln wohl nicht im Vordergrund ihrer Tätigkeit, worauf die dominierenden Antwortkategorien „gelegentlich“ und „selten“ schließen lassen.

Deutlich wird auch, dass der Anteil der vom Management grundsätzlich eingebundenen Betriebsräte (70,2%, vgl. Kap. 3.2) geringer ist als der Anteil der Betriebsräte, die proaktiv Innovationsideen einbringen (90%, vgl. Abb. 5). Dieser Unterschied dürfte sehr plausibel sein; es muss nicht betont werden, dass im Gegensatz zur Entwicklung und Formulierung einer Innovationsidee deren Umsetzung und Diffusion im betrieblichen Kontext nicht vom Betriebsrat allein, sondern nur in einer Kooperation mit dem Management zu leisten ist! Anders gewendet: Auch denjenigen 29,8% der Interessenvertreter, die bei Innovationen vom Management *nicht* einbezogen werden, steht die Möglichkeit offen, proaktiv *Ideen für Innovationen* oder Verbesserungen zu formulieren und so ihre Gestaltungskompetenz (ganz im Sinne von „Ambitionierter Mitgestaltung“) zu demonstrieren.

Abb. 5: Proaktives Innovationshandeln von Betriebsräten

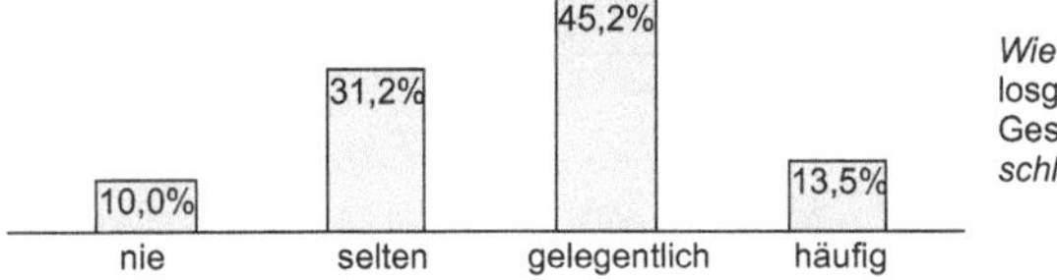

Wie häufig hat der Betriebsrat, losgelöst von Initiativen der Geschäftsführung, *eigene Vorschläge* für Innovationen gemacht?

Quelle: WSI-Betriebsrätebefragung 2008/2009, N = 1.700

Hinsichtlich der Inhalte proaktiven Betriebsratshandelns zeigen die Ergebnisse, dass sich Betriebsräte dominant auf betriebsintern wirksame Gestaltungsvorschläge in den Bereichen der Arbeitsorganisation und Personalpolitik fokussieren.

Betont sei jedoch noch einmal die Interdependenz der verschiedenen Innovationsarten. Einerseits sind mit Vorschlägen zur frühzeitigen Kompetenzentwicklung im Zusammenhang mit neuen Produkten und Dienstleistungen wichtige Innovationsbeiträge zu leisten. Andererseits kann die Gestaltung innovativer Qualifizierungsmaßnahmen die Ideengenerierung fördern, mithin Potenzial für Produktinnovationen aufbauen.

Bringt man das proaktive Innovationsverhalten mit den unterschiedenen Betriebsrats-Typen zusammen, so wird deutlich: Machtvolle Mitgestalter generieren auch jenseits managementgetriebener Innovationsprozesse häufiger eigene Vorschläge für Veränderungen (vgl. Tab. 7).

Abb. 6: Aktionsfelder für proaktives Betriebsratshandeln

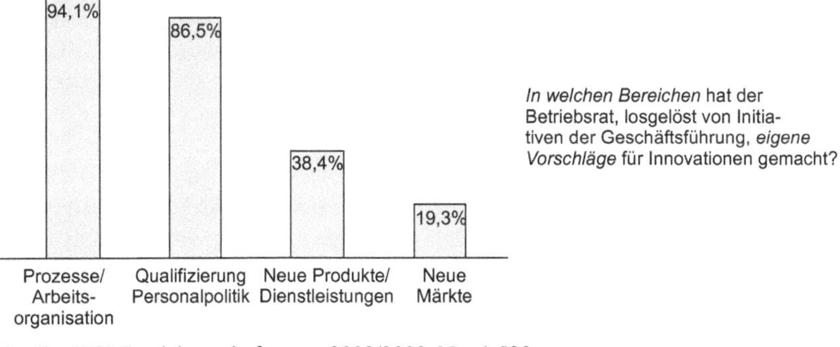

Quelle: WSI-Betriebsrätebefragung 2008/2009, N = 1.529

Tab. 7: Proaktive Innovationsbeiträge nach Betriebsrats-Typen

„Wie häufig hat der Betriebsrat, losgelöst von Initiativen der Geschäftsführung, eigene Vorschläge für Innovationen gemacht?“

	nach Betriebsrats-Typologie:					
	nicht einbezogen	*defizitär informiert*	*umfassend informiert*	*Ambition. Mitgest.*	*Machtvoll. Mitgest.*	Gesamt
nie	*19,8*	*5,1*	*12,2*	*6,4*	*3,4*	10,0
selten	*38,6*	*36,1*	*38,1*	*29,9*	*21,7*	31,3
gelegentlich	*33,1*	*42,4*	*42,1*	*55,2*	*53,1*	45,2
häufig	*8,5*	*16,5*	*7,6*	*8,5*	*21,8*	13,5
	100,0 n = 505	100,0 n = 158	100,0 n = 197	100,0 n = 281	100,0 n = 554	100,0 N = 1.695

Statistischer Zusammenhang: Kontingenzkoeffizient C = ,32; p = ,000

Quelle: WSI-Betriebsrätebefragung 2008/2009, Angaben in %

Rund drei Viertel der Machtvollen Mitgestalter erarbeiten „häufig“ oder „gelegentlich“ proaktive Innovationsbeiträge, mithin deutlich mehr als die Vergleichsgruppen. Jedoch sind Tabelle 7 ebenfalls empirische Hinweise zu entnehmen, dass defiziente Partizipationsmuster die Betriebsräte nicht davon abhalten, eigene Innovationsideen zu formulieren: 59% der „defizitär informierten“ Betriebsräte bringen „häufig“ oder „gelegentlich“ proaktive Vorschläge ein, der Vergleichswert in der Gruppe der „umfassend informierten“ Betriebsräte beträgt 50%. Schließlich ist von Interesse, dass auch in der Gruppe der „nicht einbezogenen“ Interessenvertreter vielfach proaktive Ideen für Veränderungen generiert werden.

Proaktive Innovationsbeiträge – Ergebnisse aus den Betriebsfallstudien: „Co-Management wider Willen“?

Das proaktive Innovationshandeln der Betriebsräte wollen wir unter Rückgriff auf die Eindrücke aus den Betriebsfallstudien vertiefen. Insbesondere in Unternehmen, in denen eine professionelle Personalarbeit fehlt, geben Betriebsräte wichtige eigenständige Impulse bei der Planung und Fortentwicklung der Programme zur Personalentwicklung und übernehmen damit Aufgaben, die eigentlich dem Management obliegen. Cum grano salis betreiben die Betriebsräte in diesen Konstellationen *„Co-Management wider Willen“*: Bei den meisten Betriebsräten unseres Fallstudien-Samples scheint das auch im wissenschaftlichen Diskurs kontroverse Etikett „Co-Management“ (vgl. Rehder 2006; Minssen/Riese 2007; vgl. auch Tietel 2006) mit negativen Konnotationen besetzt zu sein (Zitat aus einem der Interviews: „Der Begriff ist verbrannt!“). Jenseits des

Begrifflichen übernehmen Betriebsräte jedoch faktisch vielfach wichtige (Co-) Management-Aufgaben, vornehmlich im Personalbereich und insbesondere dann, wenn dort professionelle Standards unterlaufen werden oder Strukturen nicht vorhanden sind.

Die empirischen Ergebnisse zur Häufigkeit proaktiven Betriebsratsengagements korrespondieren mit der Selbsteinschätzung vieler Betriebsräte aus den Fallstudienunternehmen. Eine andere Sichtweise auf die „Initiative für Veränderungen" bringen mitunter die parallel befragten Managementvertreter zum Ausdruck. Die Fallstudien zeigen, dass viele Vertreter der Arbeitgeberseite die Träger der Mitbestimmung nicht als „natürliche" Partner für die Initiierung von Innovationsprozessen wahrnehmen und ihnen bisweilen auch nicht die nötige Kompetenz zuschreiben:

> „Ich erlebe unseren Betriebsrat nicht als Innovationstreiber, der proaktiv selbst Sachen vorschlägt und nach vorne bringt. Ich erlebe ihn als kritischen Begutachter und Diskussionspartner, wenn etwas Neues vorgeschlagen wird. Er hat auch eine konstruktive Meinung dazu. Aber was ich viel mehr erwarten würde, ist, dass er proaktiv selbst Sachen bringt und vorschlägt und nicht nur an Prozessen, Themen, die ich habe, herummäkelt." (Personalleiter von I-4)

> „Ich muss sagen, der Betriebsrat bei uns ist in keiner Weise ein Bremser, überhaupt nicht. Er ist Begleiter. Er ist aber nicht Innovator, never ever." (Geschäftsführer von I-7)

> „Der Betriebsrat kommt nicht zu uns und sagt: Wir haben gehört, da gibt's einen ganz tollen Prozess oder eine ganz tolle Vorgehensweise bei dem Betrieb XY, das würde doch auch bei uns gut passen. In diesem Sinne initiativ habe ich es noch nicht erlebt. Der Anstoß eines Themas wird immer vom Unternehmen erwartet." (Personalchef von M-1)

Diese eher skeptischen Einschätzungen von Managementvertretern zum proaktiven Betriebsratsengagement sind auch in einer Begrenzung des Innovationsverständnisses auf neue Produkte und Marktveränderungen begründet. Arbeitsorganisatorische und personalpolitische Veränderungen werden häufig nicht als „Innovation" wahrgenommen, weshalb diesbezügliche Initiativen der Betriebsräte auch nicht als innovatives Betriebsratshandeln gesehen werden.

Anders als im Bereich der Produktinnovationen wird den Betriebsräten in ihren „klassischen" Arbeitsfeldern ein hohes Fachwissen zugesprochen. Mitunter werden sie sogar offensiv zur Mitwirkung animiert, um so fehlendes Wissen oder fehlende Ressourcen in den Personalabteilungen auszugleichen:

Im Chemieunternehmen C-3 besitzt ein freigestelltes Betriebsratsmitglied den Spitznamen „Schichtpapst". Die Personalleitung wendet sich bei der Anpassung und Entwicklung neuer Arbeitszeitmodelle häufig direkt an diesen Betriebsrat und bezieht seine Expertise in die Planung ein.

> „Dann kommen die zu uns und fragen, welche Modelle gibt es denn da? Die beiden waren auf diversen Schichtseminaren, wo verschiedene Schichtsysteme durchgespielt worden sind. Die Personalleitung sagt ganz offen: Warum sollen wir irgendetwas Neues erfinden, wenn es das am Markt schon gibt?"

Arbeitsorganisatorische und personalpolitische Veränderungen bilden auch deshalb den Kern des proaktiven Engagements der Betriebsräte, da sie hier aufgrund der rechtlichen Situation die größten Durchsetzungschancen besitzen. Schwerpunkte von proaktiven Betriebsratsinitiativen liegen in den Fallstudien eher auf einer mitarbeiterorientierten Ausgestaltung der vorgegebenen Rahmenbedingungen. Wiederkehrende Gestaltungselemente sind dabei Arbeitszeitregelungen, gesundheitsorientierte Arbeitsplatzgestaltung und die Ausgestaltung von Prämiensystemen im Rahmen von Gruppenarbeitskonzepten:

- Mit proaktiven Ideen zur *Arbeitszeitgestaltung* versuchen Betriebsräte vor allem die gesundheitliche Belastung der Belegschaften zu verringern. Insbesondere in Produktionsbereichen mit „Konti-Betrieb" soll durch die Umstellung des Schichtzyklus die arbeitsphysiologische Belastung für die Mitarbeiter gesenkt werden. Die Grenzen des Betriebsratsengagements in diesem Bereich werden vielfach nicht vom Management – dem es in erster Linie um die Erhaltung der betrieblichen Funktionsfähigkeit geht – gezogen, sondern durch die Mitarbeiter selbst: Wenn sich Belegschaftsmitglieder in ihrer privaten Lebensgestaltung auf bestehende Schichtsysteme eingestellt haben, stoßen Änderungen, selbst wenn sie der Gesundheitsförderung dienen, vielfach auf Widerstände.
- Bei der *gesundheitsförderlichen Arbeitsplatzgestaltung* steht häufig neben der Senkung von überdurchschnittlichen Krankenstandraten die Bewältigung des demografischen Wandels als neues Themenfeld im Vordergrund. Durch die Aufwertung der ergonomischen Qualität der Arbeitsplätze (z.B. durch schwingungsdämpfende Fußmatten, hellere Lichtquellen etc.) soll die langfristige Arbeitsfähigkeit der Belegschaften unterstützt werden. Betriebsratshandeln ist hier das Handeln in kleinen Schritten. Das kann die hohen Initiativquoten erklären, die sich in den empirischen Daten zeigen. Betriebsräte können hier eine hohe Wirksamkeit erreichen, da sie vielfach auf ein kongruentes Problemverständnis beim Management stoßen.

  > „Die Geschäftsleitung hat dem zugestimmt – vielleicht auch, weil der Geschäftsführer selbst schon älter ist und deshalb bei ihm das Problembewusstsein da war." (Betriebsratsvorsitzender von M-3)

- Die Einführung von *Gruppenarbeitskonzepten,* insbesondere im Maschinenbau, eröffnet Betriebsräten neue Handlungsfelder im Bereich der Entlohnung. Dabei geht es um die Ausgestaltung von Prämiensystemen und die

Beteiligung der einzelnen Gruppenmitglieder an der Gruppenleistung. Kern des Betriebsratsengagements ist hier die Suche nach passenden Leistungsparametern und deren fortwährende Anpassung an betriebliche Problemlagen.

Die Gestaltung der Arbeitsorganisation und der Personalpolitik ist vielfach miteinander verknüpft; zum Beispiel bei mit Versetzungen verbundenen Qualifizierungsmaßnahmen. Kernfelder des proaktiven Betriebsratsengagements im Bereich der Personalpolitik sind jedoch die Gestaltung von Personalentwicklungsmaßnahmen und Mitarbeiterbefragungen:

- Die Betriebsräte der Fallstudienunternehmen engagieren sich vielfältig für neue *Personalentwicklungsmaßnahmen.* Sie fordern die Aufstellung von Personalplanungen und kontrollieren die Umsetzung betrieblicher Bildungsmaßnahmen. Gleichzeitig schlagen sie mögliche Bildungsmaßnahmen vor, wenn sie Mitarbeiteranregungen und eigene Vorstellungen in den betrieblichen Bildungsplänen nicht angemessen berücksichtigt sehen. Mit wachsender Bedeutung bildet die Gestaltung des demografischen Wandels in den Betrieben einen weiteren Arbeitsschwerpunkt. So sind es häufig die Betriebsräte, die aufgrund von Altersanalysen der Belegschaft das diesbezügliche Gefahrenpotenzial für die Unternehmensentwicklung aufdecken und das Problembewusstsein bei den Geschäftsführungen wecken. Dabei stehen weniger die quantitativen Folgen einer breiten Verrentung im Vordergrund, als vielmehr die qualitativen Folgen für das unternehmerische Wissenspotenzial, das auch für den Aufbau und die Umsetzung von Innovationen unerlässlich ist. Zur Sicherung dieses Wissens werden spezielle Programme zur frühzeitigen Heranführung geeigneter Nachfolger, zum Teil nach dem Mentorenprinzip, initiiert. Der Betriebsratsanteil an diesen Maßnahmen liegt weniger in der konkreten Programmplanung als vielmehr darin, das Problembewusstsein zu schaffen und von den Personalabteilungen derartige Programme einzufordern.
- Einen weiteren Schwerpunkt im proaktiven Betriebsratsengagement bildet die Initiierung von *Mitarbeiterbefragungen.* Die Bewertung des Führungskräfteverhaltens und/oder bestimmter die Unternehmenskultur betreffender Fragen durch die Mitarbeiter dient als Ausgangspunkt, um Verbesserungspotenziale zu erkennen und gegebenenfalls gezielt anzugehen. Proaktives Engagement bei der Initiierung von Mitarbeiterbefragungen vollzieht sich dabei teilweise in Zusammenarbeit, teilweise aber auch als Ergänzung zu Mitarbeiterbefragungen der Unternehmensleitung. Dabei zeigt sich: Mitarbeiterbefragungen unter alleiniger Regie der Betriebsräte führen zu erheblichen Widerständen bei den Unternehmensleitungen, was letztlich zur Ablehnung der Ergebnisse und damit zur Wirkungslosigkeit der Betriebsratsinitiative führt:

„Der Betriebsrat hat selbst mal eine Umfrage gemacht. Wir wollten einfach nur ein Stimmungsbild haben. Es ging noch nicht mal darum, irgendwelche Maßnahmen daraus abzuleiten. Da gab's dann schon Ärger mit dem Vorstand." (Betriebsrat von I-5)

Proaktives Betriebsratsengagement im Bereich der Personalpolitik ist abhängig vom Professionalisierungsgrad und den Schwerpunkten der betrieblichen Personalarbeit. Fehlende Professionalität der Personalabteilungen kann den Betriebsräten zwar Beteiligungschancen eröffnen, bremst aber zugleich das Betriebsratshandeln, weil es an fachlich geeigneten Gesprächs- und Verhandlungspartnern fehlt. Die Fallstudienunternehmen zeigen, dass dies weniger eine Frage der Unternehmensgröße, sondern vielmehr der betrieblichen Ausrichtung der Personalarbeit ist:

In kleineren Unternehmen existiert vielfach ein engerer Kontakt zwischen den Betriebsangehörigen, was eine individualisierte Personalarbeit ermöglicht. Verkürzte Entscheidungsprozesse und flachere Hierarchien fördern individuelle Maßnahmen statt den Rückgriff auf standardisierte Instrumente. Dies eröffnet auch Betriebsräten andere Aktionsmöglichkeiten:

„Ich möchte nicht tauschen mit einem Betriebsrat in einem Großunternehmen. Die haben zwar für alles eine Betriebsvereinbarung, aber was da fehlt, ist die Nähe zu den Leuten." (Betriebsratsvorsitzender von M-7)

Insgesamt gilt für das proaktive Engagement von Betriebsräten: Wenn sie sowohl die klassischen Betriebsratsfelder als auch eine Beschränkung auf reaktive Verhaltensmuster überwinden wollen, so ist ein „langer Atem" vonnöten – und „Frustrationstoleranz", wenn Vorschläge abgelehnt werden. Die Reputation, die sich einige Betriebsräte unseres Fallstudiensamples aufgebaut haben, ist selbstredend nicht „über Nacht" zu erlangen. Zu den wesentlichen Pfeilern seitens der Betriebsräte zählen eine vertrauensvolle Zusammenarbeit mit der Unternehmensleitung ebenso wie das Erschließen des verfügbaren betrieblichen Sachverstands durch aktives Zugehen auf betriebliche Kompetenzträger.

3.3.4 Zur Nutzung des § 92 a BetrVG

Proaktives Betriebsratshandeln zur Mitgestaltung der Unternehmensentwicklung ist nach der im Zuge der letzten Novellierung des Betriebsverfassungsgesetzes (BetrVG) installierten Norm des § 92 a BetrVG explizit vorgesehen (vgl. Brandl et al. 2005). Demnach kann der

„Betriebsrat ... dem Arbeitgeber Vorschläge zur Sicherung und Förderung der Beschäftigung machen. Diese können insbesondere eine flexible Gestaltung der Arbeitszeit, die Förderung von Teilzeitarbeit und Altersteilzeit, neue Formen der

> Arbeitsorganisation, Änderungen der Arbeitsverfahren und Arbeitsabläufe, die Qualifizierung der Arbeitnehmer, Alternativen zur Ausgliederung von Arbeit oder ihrer Vergabe an andere Unternehmen sowie zum Produktions- und Investitionsprogramm zum Gegenstand haben."

Auch der Bereich der Produkt- bzw. Dienstleistungsinnovationen kann mithin Zielgröße der Mitbestimmungsarbeit sein.

Fraglich ist jedoch, ob der § 92 a BetrVG ein „tragfähiges Mitbestimmungsfundament" (Schwarzbach 2006) für das praktische Innovationshandeln von Betriebsräten darstellt. Diejenigen Betriebsräte, die im Berichtszeitraum von 2006 bis 2008 schon einmal „losgelöst von Initiativen der Geschäftsführung eigene Vorschläge für Innovationen" gemacht haben, wurden daher zusätzlich gefragt, ob sie „sich bei der Ausarbeitung dieser Vorschläge auf den § 92 a BetrVG (Stichwort: Beschäftigungssicherung) bezogen" haben.

Während etwas über ein Viertel dieser Betriebsräte noch „nie" auf den § 92 a BetrVG Bezug nehmen musste, um mit der Geschäftsführung ihre Ideen über neue Produkte, Prozesse etc. zu diskutieren, geben 52,5% der Betroffenen an, „manchmal", und rund ein Fünftel „immer" darauf zurückzugreifen (vgl. Tab. 8).

Die Kreuztabelle zeigt keine erheblichen Unterschiede in der Relevanz des § 92 a BetrVG für die Betriebsrats-Typen.[8] Er scheint jenen Betriebsräten, die sich als grundsätzlich „nicht einbezogen" einordnen, eine Möglichkeit zu bieten, eigene Initiativen zu flankieren: 68% in diesem Segment berichten, sich „manch-

Tab. 8: Nutzung des § 92 a BetrVG in der Praxis

„Haben Sie sich bei eigenen Innovationsvorschlägen auf den § 92 a BetrVG bezogen?"

	nach Betriebsrats-Typologie:					
	nicht einbezogen	*defizitär informiert*	*umfassend informiert*	*Ambition. Mitgest.*	*Machtvoll. Mitgest.*	Gesamt
nie	*32,0*	*26,5*	*25,6*	*24,8*	*24,1*	26,7
manchmal	*51,8*	*52,3*	*55,4*	*56,2*	*50,4*	52,5
immer	*16,3*	*21,2*	*19,0*	*19,0*	*25,6*	20,8
	100,0	100,0	100,0	100,0	100,0	100,0
	n = 400	n = 151	n = 168	n = 258	n = 532	N = 1.509

Quelle: WSI-Betriebsrätebefragung 2008/2009, N = 1.509 (Filterführung), Angaben in %

8 Die Stichproben der „nicht einbezogenen" Betriebsräte und der „Machtvollen Mitgestalter" unterscheiden sich in ihrer Nutzung des § 92 a BetrVG ausweislich eines U-Tests überzufällig voneinander. Dieser auch der Kreuztabelle zu entnehmende Unterschied „nivelliert" sich jedoch, wenn man die Häufigkeit eigener Vorschläge konstant hält. Machtvolle Mitgestalter unterbreiten häufiger eigeninitiativ Vorschläge – und damit steigt auch die Wahrscheinlichkeit der Nutzung des § 92 a BetrVG.

mal“ oder „immer“ auf den § 92 a BetrVG berufen zu haben. Ebenso deuten höhere Nutzungsanteile bei den „Machtvollen Mitgestaltern“ an, dass die Gesetzesnorm als Ressource in einer Gemengelage von betriebsrätlicher Primär- und Sekundärmacht durchaus eine Rolle spielt.

3.3.5 Konflikte bei Innovationen

Die Stärkung der betrieblichen Innovationsfähigkeit sowohl für Wettbewerbsfähigkeit als auch zur langfristigen Sicherung der Beschäftigung liegt im Interesse von Management und Betriebsrat. Die Befunde der WSI-Betriebsrätebefragung unterstreichen:

- Mehrheitlich werden Betriebsräte vom Management in das Innovationsgeschehen zumindest im Grundsatz einbezogen (vgl. Kap. 3.2),
- und der überwiegende Anteil der Interessenvertreter bringt auch zumindest „gelegentlich“ proaktive Innovationsbeiträge ein (vgl. Kap. 3.3.3).

Dennoch sind Konflikte über Innovationen zwischen den betrieblichen Akteuren wohl nur selten völlig zu vermeiden – einerseits aufgrund des Interessenkonflikts zwischen Belegschaft und Management bzw. Eigentümern (vgl. Wilkesmann et al. 1999), da jenseits der Vorteile, die mit Innovationen hinsichtlich der Zukunftsfähigkeit von Unternehmen verbunden werden, zusätzliche Belastungen für die Arbeitnehmer nicht auszuschließen sind. Das reicht von ambivalenten Veränderungen hinsichtlich der Arbeitszeitgestaltung, der Arbeitsbedingungen, der Notwendigkeit zum Erlernen neuer Fähigkeiten bis hin zu negativen Beschäftigungsfolgen. Andererseits wohnt Innovationsprozessen per se ein Konfliktpotenzial inne (vgl. Hauschildt 1999; vgl. dazu auch Kriegesmann et al. 2007).

Die Diagnosen einer vielerorts gewandelten, „rationalisierten“, an Sachfragen orientierten Austauschbeziehung der betrieblichen Akteure sind verbreitet (vgl. Blauth 2007). Während der damit adressierte Trend vor dem Erfahrungshintergrund der Fallstudienreihe dieser Studie durchaus nachvollziehbar ist, sind Interessenkonflikte in Innovationsfragen selbstverständlich nach wie vor in den Betrieben präsent. Und auch wenn im Vorkommen von Konflikten allein noch nichts Negatives zu sehen ist, sind daraus resultierende „lähmende“ Effekte auf betriebliche Innovationsprozesse plausibel (vgl. als Erfahrungsberichte aus Managementperspektive Naumann 2007 und Schnabel 2008) – insbesondere dann, wenn sich aufgrund von Konflikten in der Vergangenheit eine defizitäre Interaktionskultur von Betriebsrat und Management verfestigt hat und gleichsam die „Fronten verhärtet“ sind.

Welches Bild ist auf Basis der Breitenempirie von den Konfliktkulturen bei Innovationen zu zeichnen? (Wie) Unterscheiden sich die fünf Betriebsrats-Typen nach ihrer Konflikthäufigkeit?

Tab. 9: Häufigkeit innovationsspezifischer Konflikte

„Wie oft kommt es zu Konflikten über Innovationen zwischen Betriebsrat und Geschäftsführung?“

	nach Betriebsrats-Typologie:					
	nicht einbezogen	*defizitär informiert*	*umfassend informiert*	*Ambition. Mitgest.*	*Machtvoll. Mitgest.*	Gesamt
nie	*18,5*	*0,0*	*7,5*	*1,5*	*9,6*	9,5
selten	*35,9*	*25,3*	*47,6*	*41,2*	*50,5*	42,2
gelegentlich	*28,5*	*50,7*	*38,5*	*48,7*	*36,0*	37,8
häufig	*17,1*	*24,0*	*6,4*	*8,6*	*3,9*	10,5
	100,0	100,0	100,0	100,0	100,0	100,0
	n = 504	n = 160	n = 197	n = 280	n = 554	N = 1.695

Statistischer Zusammenhang: Kontingenzkoeffizient C = ,33; p = ,000

Quelle: WSI-Betriebsrätebefragung 2008/2009, N = 1.695, Angaben in %

Auch vor dem Hintergrund gewandelter Kooperationsbeziehungen in der Praxis nimmt es nicht Wunder, dass nur rund ein Zehntel (9,5%) der Betriebsräte angeben können, „nie“ Konflikte über Innovationen mit der Geschäftsführung auszutragen (vgl. Tab. 9). Insgesamt 48,3% der befragten Betriebsräte berichten über „gelegentliche“ oder „häufige“ Konflikte über Innovationen mit der Geschäftsführung. Dieses Ergebnis zeigt die Brisanz von Veränderungsprozessen. Bei Innovationen sind Aushandlungsprozesse programmiert – und damit wohl auch Konflikte.

Der spaltenweise Vergleich der Ergebnisse aus Tabelle 9 unterstreicht, dass für die fünf Betriebsrats-Typen auch statistisch signifikante unterschiedliche Konfliktintensitäten charakteristisch sind: Diese sind auf der einen Seite zu interpretieren als Indizien kooperativer Innovationskulturen bei den „Mitgestaltern“ (häufige Konflikte: 4%) und bei jenen Betriebsräten, die „umfassend informiert“ werden. Auf der anderen Seite gibt es Anzeichen stärker konfliktgeladener Arbeitsverhältnisse bei den „defizitär informierten“ Betriebsräten sowie bei den „nicht einbezogenen“ Interessenvertretern (häufige Konflikte: 24% bzw. 17%). Im Anschluss an diese Befunde wäre pointiert zu vermuten:

Das Konzedieren der machtvollen Mitgestaltung von Veränderungsvorhaben an die Interessenvertreter ist eine Strategie, um Konflikte im Betrieb zu reduzieren!

Hinsichtlich der spezifischen Konfliktthemen bei Innovationsprozessen dominieren belegschaftsorientierte Streitpunkte. An erster Stelle rangiert die Sorge um die Motivation der Belegschaft (73,4%, Mehrfachnennungen im Rahmen eines vorgegebenen Katalogs waren erlaubt) vor den Auswirkungen von Innovationen auf die Arbeitsbedingungen (69,1%), die Beschäftigung oder die

Arbeitszeit (66,6% bzw. 66,1%). Die geringsten Konfliktpotenziale bieten Budgetfragen (Vertrieb: 20,4%, Forschung und Entwicklung: 8,5%).

Diese Konfliktthemen können als Beleg dafür dienen, dass Betriebsräte als Träger betrieblichen Erfahrungswissens in der Lage sind, Schwachstellen von Managementplanungen zu erkennen. Ein Wissen, das Betriebsräte motiviert, sich selbst dann aktiv in Innovationsprozesse einzubringen, wenn sie von deren Vorteilhaftigkeit keineswegs überzeugt sind, wie die durchgeführten Fallstudien zeigen. Das Betriebsratsengagement dient dann der Vorbeugung eines absehbaren Scheiterns, mit dessen negativen Folgen der Betriebsrat sonst konfrontiert wäre. Dabei liegen die Konfliktfelder weniger im Bereich der Produkt- und Marktinnovationen, vielmehr werden sie bestimmt von der Gefahr einer Überforderung und Demotivation der Belegschaften durch „permanente Reorganisation" (vgl. Kriegesmann et al. 2011) und Veränderungen, welche die interne Stabilität der Arbeitsbeziehungen gefährden. Zusätzlich hat eine restriktive Personalpolitik der Vergangenheit zu einer zunehmenden Überalterung vieler Belegschaften geführt, mit der Folge, dass teilweise Motivationsbarrieren beim Erlernen neuer Fähigkeiten überwunden werden müssen. Dies sind Beispiele für Konflikte, in denen die Betriebsräte zwischen der Belegschaft und dem Management vermitteln müssen, weil sie seitens des Managements häufig übersehen oder in ihrer Bedeutung für das Gelingen eines Innovationsprojektes unterschätzt werden.

3.3.6 „Machtvolle Mitgestaltung" – eine Frage der Vernetzung?

Beschließen wir die vergleichende Charakterisierung der fünf innovationsorientierten Partizipationsmuster mit einem weiteren Blick auf plausible Hintergründe: Jenseits der angesprochenen Größeneffekte – die sich zwar als empirisch relevant, indes nicht allein erklärungsmächtig herausgestellt haben (vgl. dazu Kap. 3.3.1) – ist von Interesse, ob die wirksame Interessenvertretung der „Machtvollen Mitgestalter" auch auf besonderen Unterstützungsleistungen beruht.

Sicherlich wird die in der Fähigkeit, auf Innovationsprozesse im Betrieb wirksam Einfluss nehmen zu können, zum Ausdruck kommende Macht einerseits auf mikropolitischem Verhandlungsgeschick gründen. Andererseits wird es auch immer um die Kompetenz der betrieblichen Interessenvertreter und die Qualität der eingebrachten Innovationsideen gehen. Um das dafür benötigte Wissen zu erlangen, können Betriebsräte neben ihren eigenen Ressourcen auch versuchen, inner- und außerbetriebliche Netzwerke aktivieren. Vor dem Hintergrund wachsender Anforderungen an Betriebsräte ist die Fähigkeit, gezielt Unterstützungsleistungen zu aktivieren und dadurch die eigene Verhandlungsmacht zu stärken, ein dominanter Faktor (nach dem Motto „Vernetzung schafft Wissen – Wissen ist Macht").

In der WSI-Betriebsrätebefragung 2008/2009 wurde dieser Hintergrund von innovationsorientierter Partizipation mit einigen Fragen adressiert. Zunächst wurde allgemein unterschieden; dabei tritt deutlich hervor, dass sich „Machtvolle Mitgestalter“ deutlich häufiger (in 79,7% der Fälle) unterstützen lassen als die Betriebsräte der Vergleichsgruppen (vgl. Tab. 10).

Tab. 10: Unterstützung des Betriebsrats

„Wird der Betriebsrat bei der Planung und Umsetzung von Innovationen unterstützt?“

	nach Betriebsrats-Typologie:					
	nicht einbezogen	*defizitär informiert*	*umfassend informiert*	*Ambition. Mitgest.*	*Machtvoll. Mitgest.*	Gesamt
Ja	*17,7*	*32,1*	*53,3*	*56,8*	*79,7*	50,0
Nein	*82,3*	*67,9*	*46,7*	*43,2*	*20,3*	50,0
	100,0	100,0	100,0	100,0	100,0	100,0
	n = 502	n = 160	n = 197	n = 280	n = 554	N = 1.687

Statistischer Zusammenhang: Kontingenzkoeffizient C = ,45; p = ,000

Quelle: WSI-Betriebsrätebefragung 2008/2009, N = 1.687, Angaben in %

Während dieser allgemeine empirische Befund hochsignifikant ausfällt, liegen die Unterschiede bei den Anschlussfragen nach den konkreten Wegen und Akteuren der Unterstützung eher im Detail. Offenbar sind die Betriebsräte des Typs „Machtvoller Mitgestalter“ besonders gut vernetzt respektive sie aktivieren ihre Netzwerke besonders regelmäßig. Die Struktur der betriebsrätlichen Netzwerke erscheint im Licht der empirischen Befunde hingegen ähnlich zu sein (vgl. Tab. 11):

Tab. 11: Wer unterstützt den Betriebsrat bei Innovationen?

	nach Betriebsrats-Typologie:					
	nicht einbezogen	defizitär informiert	umfass. informiert	Ambition. Mitgest.	Machtvoll. Mitgest.	Gesamt
Betriebsrats-Schulungen	77,3	94,2	86,4	93,0	93,9	91,1
betriebsinterne Sachkundige	65,9	82,4	74,0	86,1	77,1	77,6
Gewerkschaft	42,0	66,7	54,8	58,6	57,4	56,2
Betriebsräte-Netzwerke	39,3	60,8	42,7	61,4	58,0	54,9
Externe Berater	24,7	47,1	32,7	42,4	31,3	33,8
Hochschule/Forschungseinrichtg.	4,5	7,8	8,7	10,1	7,3	7,7

Anteile „Ja“-Antworten in %

Quelle: WSI-Betriebsrätebefragung 2008/2009, N = 843 (Filterführung)

Im Querschnitt des Gesamtsamples wird insbesondere auf Betriebsratsschulungen (insgesamt 91,1%) und Unterstützung durch betriebsinterne Sachkundige (insgesamt 77,6%) verwiesen. 56,2% bestätigen weiterhin, dass Gewerkschaften den Betriebsrat in Innovationsfragen unterstützen. Und dass in der Gruppe der „defizitär informierten" Betriebsräte besonders häufig Unterstützungsleistungen durch Gewerkschaften (66,7% versus Gesamt: 56,2%) und durch externe Berater (47,1% versus Gesamt: 33,8%) angegeben werden, wird mit Bezug auf die Konflikthaftigkeit plausibel. Externe Unterstützungsleistungen dienen hier unter Umständen dazu, „Gegenmacht" im Kontext von Innovationsprozessen aufzubauen.

4 Innovationsorientierte Mitbestimmung und Innovationsverhalten von Betrieben: (k)ein Zusammenhang?

Nach der vergleichenden Charakterisierung der fünf „typischen“ Formen innovationsorientierter Partizipation geht es im Anschluss um mögliche Effekte von Betriebsratshandeln: Ist ein Zusammenhang zwischen dem Innovationshandeln der Betriebsräte und dem Innovationsverhalten der Betriebe empirisch zu belegen? Innovationsfähigkeit im Bereich der Produkte und Dienstleistungen ist notwendig, wenn Betriebe Wachstums- und Beschäftigungschancen jenseits von Kostensenkungsprogrammen („Rationalisierungsinnovationen“) erschließen wollen. Doch weisen innovationsstarke Betriebe auch eine Innovationen mitgestaltende betriebliche Mitbestimmung auf?

- Dieser Zusammenhang von Betriebsratshandeln und betrieblichem Innovationsverhalten wird – mit unterschiedlichen methodischen Zugängen – in einer Reihe von wissenschaftlichen Studien auf der Grundlage großzahliger Datensätze analysiert. Dabei werden dominant positive Zusammenhänge respektive positive Wirkungen von Betriebsratshandeln berichtet (vgl. Addison et al. 1996; Dilger 2002; Kraft/Stank 2004).
- Neben diesen empirischen Ergebnissen stehen aber auch kritische Erfahrungsberichte, die negative Auswirkungen von Betriebsratshandeln auf die Innovationsfähigkeit von Betrieben reklamieren (Schnabel 2008; Naumann 2007).

Mit den repräsentativen Daten der WSI-Betriebsrätebefragung 2008/2009 soll an diese Diskussion angeknüpft werden: Dazu ist zunächst in *Kapitel 4.1* die Innovationsleistung der Betriebe aus der häufig vernachlässigten Perspektive der Interessenvertreter einzuschätzen. In *Kapitel 4.2* ist dann der in Rede stehende Zusammenhang zu diskutieren.

4.1 „Neue Produkte und Dienstleistungen“: Das Innovationsverhalten deutscher Betriebe aus der Perspektive der Betriebsräte

Als Beurteilungsmaßstab für mögliche Wirkungen der innovationsorientierten Partizipationsmuster ziehen wir die Innovationsleistung der Betriebe heran, eingeschätzt durch die befragten Betriebsräte: „Wie haben sich im Berichtszeitraum zwischen 2006 und 2008 die Produkte und Dienstleistungen Ihres Betriebes verändert?“ Da betriebliche Innovationsstrategien in der Regel verschiedene Schwerpunkte und mehrere Ebenen umfassen (Reichwald/Piller 2009, S. 115ff.; vgl. auch Dreher et al. 2006), wurden in der telefonischen Befragung Mehrfachnennungen zugelassen. Tabelle 12 zeigt die Ergebnisse im Überblick.

Tab. 12: Produkt- und Dienstleistungsinnovationen seit 2006

„Wie haben sich die Produkte und Dienstleistungen Ihres Betriebes seit 2006 verändert?“ (Mehrfachnennungen)

Das Angebot wurde weiterentwickelt.	86,0
Produktnahe Dienstleistungen (z.B. Service, Beratung, Schulungen) wurden eingeführt.	56,1
Produkte oder Dienstleistungen wurden *komplett neu* entwickelt.	32,4
Neuheiten für den Betrieb	14,4
Branchenneuheiten	13,7
Weltneuheiten	4,4

Quelle: WSI-Betriebsrätebefragung 2008/2009, N = 1.696–1.698, Angaben in %

Eine deutliche Mehrheit der Betriebe (86%) hat seit 2006 das Leistungsangebot weiterentwickelt. Weiterhin zeigt Tabelle 12, dass mehr als die Hälfte der Betriebe (56,1%) im Berichtszeitraum produktnahe Dienstleistungen eingeführt haben. Insbesondere mit diesem als hybride Wertschöpfung bezeichneten Feld wird in der Literatur ein hohes Potenzial für positive Beschäftigungseffekte in Verbindung gebracht (vgl. Möslein/Kölling 2007; vgl. Nippa 2005).

32,4% aller Betriebe haben nach Einschätzung der Betriebsräte seit 2006 „Produkte oder Dienstleistungen komplett neu entwickelt“ und sind vor diesem Hintergrund als „Produktinnovatoren“ zu bezeichnen. Ein Vergleich dieser auf den WSI-Daten basierenden Produktinnovatorenquote von 32,4% mit Ergebnissen anderer Studien zum Innovationsverhalten der deutschen Wirtschaft zeigt eine starke Konvergenz: Das Mannheimer Zentrum für Europäische Wirtschaftsforschung ermittelt auf der Grundlage einer Befragung von Unternehmensleitungen respektive Geschäftsführungen: „Jedes dritte Unternehmen ist Produktinnovator (...). 32,5% aller Unternehmen der deutschen Wirtschaft zählten 2007 zu den Produktinnovatoren“ (Aschhoff et al. 2009, S. 3f.).

Bei im Detail unterschiedlichen Abgrenzungen wird deutlich, dass der spezifische methodische Zugang der WSI-Betriebsrätebefragung zu ähnlichen Ergebnissen führt. Offensichtlich erweisen sich Betriebsräte – deren Perspektive auf das Innovationsgeschehen in der Innovationsforschung vernachlässigt wird! – als gut informierte Akteure im betrieblichen Innovationsgeschehen.

In einem nächsten Schritt werden die Mehrfachnennungen zu den Produkt- und Dienstleistungsinnovationen zu einer Betriebs-Typologie des Produkt- und Dienstleistungsinnovationsverhaltens verdichtet. Sofern ein Betriebsrat mehrere der oben genannten möglichen Innovationsarten bestätigte, wurde für die Zuordnung des Betriebes zur Typologie auf den jeweils „höheren" Innovationsgrad abgestellt. Im Bestreben, sowohl die reale Komplexität von 1.700 Untersuchungsfällen angemessen zu reduzieren als auch den Verlust von Information zu minimieren, wurden fünf Betriebstypen gebildet. Diese werden in Abbildung 7 vorgestellt und im Anschluss erläutert:

Abb. 7: Betriebliches Produkt-Innovationsverhalten: eine Typologie

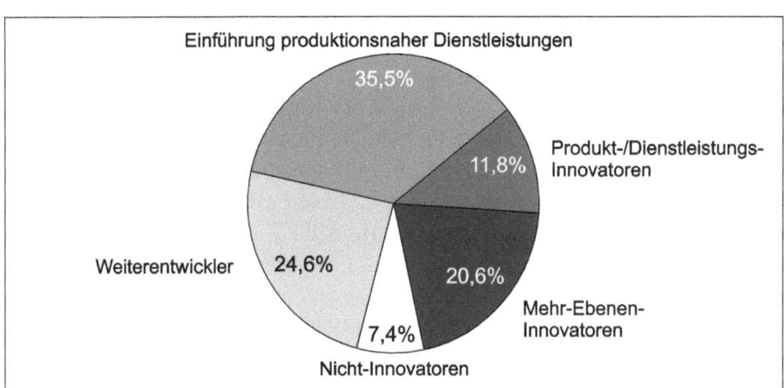

Quelle: WSI-Betriebsrätebefragung 2008/2009, N = 1.699

- Bei 35,5% aller Betriebe des Samples stellt die *Einführung produktnaher Dienstleistungen* wie Service, Schulung oder Beratung die gleichsam „höchste" Innovationsleistung im Berichtszeitraum dar. Diese 35,5% haben keine Produkte oder Dienstleistungen komplett neu entwickelt und sind dadurch von Produktinnovatoren zu unterscheiden.
- Ein zweiter Betriebstyp mit einem Anteil von 24,6% des Samples (vgl. Abb. 7) hat im Berichtszeitraum von 2006-2008 weder Produkte komplett neu entwickelt noch begleitend zum bestehenden Angebot z.B. Service, Schulungen oder Beratungsleistungen entwickelt. Jedoch wurde nach Einschätzung der befragten Betriebsräte das bestehende Angebot weiterentwickelt. Diese 24,6% des Samples wären auch als inkrementelle Innovatoren einzuordnen, in Anlehnung an die Formulierung aus dem Interviewleitfaden wählen wir die Kurzbezeichnung *„Weiterentwickler"*.
- Das kleinste der hier unterschiedenen fünf Segmente umfasst 7,4% aller Betriebe; diese sind als *„Nicht-(Produkt-)Innovatoren"* einzuordnen (vgl. Abb. 7). Seit 2006 kam es in diesen Betrieben zu „keinen wesentlichen Veränderungen der Produkte oder Dienstleistungen" (Wortlaut des Items). Die Betriebsräte dieser Gruppe haben die Fragen zum Produktinnovationsver-

halten verneint, darunter auch die Aussage „Das Angebot wurde weiterentwickelt“. Mit der Etikettierung als Nicht-Innovatoren ist jedoch noch nichts gesagt über intern orientierte Innovationen, wie zum Beispiel die Einführung neuer Prozesse, neuer Formen der Arbeitsorganisation oder Änderungen in der Personalpolitik. Die 7,4% der Nicht-Produktinnovatoren sind daher nicht unbedingt als vollkommen „statische“ Organisationen zu beschreiben. Auf der hier fokussierten Ebene des Produktinnovationsverhaltens können wir jedoch von einer fehlenden Dynamik ausgehen.

- Wie bereits in Tabelle 12 dargestellt, haben 32,4% der untersuchten Betriebe im dreijährigen Bezugszeitraum der WSI-Betriebsrätebefragung 2008/ 2009 „Produkte oder Dienstleistungen *komplett neu entwickelt*“. Dieser Anteil von Produktinnovatoren ist aufgrund der Mehrfachnennungen noch danach zu differenzieren, ob *zusätzlich* noch produktnahe Dienstleistungen (z.B. Service, Beratung, Schulungen) eingeführt wurden oder nicht.
- Bei 20,6% aller Betriebe ist dies der Fall: Diese Gruppe bezeichnen wir daher als *„Mehr-Ebenen-Innovatoren“* (vgl. Abb. 7 oben) und gehen davon aus, dass sich diese Organisationen durch eine sehr hohe Innovationsdynamik auszeichnen.
- Das fünfte Segment dieser Typologie zum betrieblichen Innovationsverhalten enthält schließlich 11,8% der Betriebe, bei denen Produkte oder Dienstleistungen komplett neu entwickelt wurden – jedoch ohne eine zusätzliche Einführung begleitender Dienstleistungen. Um diese Gruppe von den „Mehr-Ebenen-Innovatoren“ pragmatisch zu unterscheiden, wählen wir hier das Etikett *„Produkt-/Dienstleistungsinnovatoren“*.

Unter Rückgriff auf diese fünf Gruppen umfassende Betriebs-Typologie zum Innovationsverhalten wird es im Weiteren möglich sein, nicht nur die Handlungen der betrieblichen Arbeitnehmervertreter zu beschreiben, sondern bei ausgewählten Fragestellungen den Kontext der Akteure vergleichend mit zu berücksichtigen.

4.2 Betriebsräte und Innovationen im Betrieb: „Innovationstreiber“ oder „getriebene Akteure“?

Wie arbeiten Management und Betriebsrat in hochinnovativen Unternehmen zusammen? Welche Form der Innovationspartizipation ist bei Produktinnovatoren ausgeprägt?

Die Zusammenschau des fünffach unterschiedenen betrieblichen Innovationsverhaltens mit den aus dem letzten Kapitel bekannten Betriebsrats-Typen führt zu der Darstellung in Tabelle 13. Ersichtlich ist, dass sich von der bekannten Randverteilung der fünf Betriebsrats-Typen nun in den einzelnen Tabellenspalten – die für Betriebe mit unterschiedlichem Innovationsverhalten stehen – deutliche Abweichungen ergeben. Zwischen dem Innovationsverhalten der Betriebe und der Mitgestaltung der Betriebsräte bei Innovationen besteht ein Zusammenhang von statistischer Relevanz.

Tab. 13: Partizipation und betriebliches Innovationsverhalten

Innovationsorientierte Partizipation („Betriebsrats-Typologie")

	nach betrieblichem Innovationsverhalten:					
	Nicht-Innovat.	*Weiter-entwickler*	*Einführung produkt-naher Dienstleistung*	*Produkt-/DL-Innovator*	*Mehr-Ebenen-Innovator*	Gesamt
BR nicht einbezogen	*57,1*	*37,3*	*20,9*	*33,3*	*24,2*	29,8
BR defizitär informiert	*10,3*	*7,4*	*11*	*9*	*8,6*	9,3
BR umfassend informiert	*7,1*	*8,6*	*15,3*	*9*	*12,1*	11,6
Ambitionierte Mitgestalter	*9,5*	*19,1*	*17,3*	*17,9*	*13,8*	16,5
Machtvolle Mitgestalter	*15,9*	*27,5*	*35,5*	*30,8*	*41,2*	32,6
	100,0 n = 126	100,0 n = 418	100,0 n = 602	100,0 n = 201	100,0 n = 347	100,0 N = 1.694

Statistischer Zusammenhang: Kontingenzkoeffizient C = ,25; p = ,000

Quelle: WSI-Betriebsrätebefragung 2008/2009, Angaben in %

Einerseits sind in den als Mehr-Ebenen-Innovatoren beschriebenen Betrieben zu 41,2% Partizipationsmuster des Typs „Machtvolle Mitgestaltung" zu finden, das heißt das Management konzediert hier nicht nur eine Mitwirkung der Betriebsräte, sondern berücksichtigt im Rahmen von Innovationsprozessen auch betriebsrätliche Interessen. Die Tabelle zeigt, dass in Betrieben mit geringerer Innovationsleistung machtvoll mitgestaltende Betriebsräte seltener etabliert sind (Weiterentwickler: 27,5%, Nicht-Innovatoren: 15,9%).

Andererseits sehen sich auch in der Gruppe der Mehr-Ebenen-Innovatoren 24,2% der Betriebsräte bei Innovationen nicht einbezogen. Der entsprechende Anteil von Betriebsräten ohne Einbindung bei Innovationen ist spiegelbildlich in den Vergleichsgruppen größer, namentlich bei den Nicht-Innovatoren (57,1%).

Mit diesen Ergebnissen aus der WSI-Betriebsrätebefragung 2008/2009 ist an vorliegende empirische Studien, die einen positiven Zusammenhang zwischen einer engen Einbindung von Betriebsräten und dem Hervorbringen von Produktinnovationen aufzeigen (Jirjahn 2006, S. 221; vgl. auch Askildsen et al.

2006), anzuschließen. Bei einer defensiven Lesart wäre daraus zu folgern, dass beteiligungsorientierte Unternehmenskulturen der Innovationsfähigkeit von Betrieben keinesfalls abträglich sind.

In 41,2% der hochinnovativen Betriebe ist offenbar eine weitreichende Innovationspartizipation des Typs „Machtvolle Mitgestaltung" etabliert. Ob Betriebsräte im Lichte dieser Befunde als „Innovationstreiber" zu qualifizieren oder als „getriebene Akteure" in innovationsaktiven Unternehmen einzuordnen sind, kann auf der Grundlage einer Querschnittsuntersuchung nicht abschließend beantwortet werden (vgl. Kraft/Stank 2004 zu Kausalitätsproblemen im Rahmen der Mitbestimmungsforschung). Mit Minssen und Riese (2007, S. 27ff.) ist zu unterstreichen, dass Betriebsräte häufig „ein Spiegelbild des Unternehmens" darstellen. Pointiert wäre zu vermuten: Betriebe bekommen im Verlauf der Zeit den Betriebsrat, „den sie verdient haben". Die hier gefundene Assoziation von Partizipationsmuster und Innovationsleistung der Betriebe legt aber nahe, bei der Gestaltung einer innovationsförderlichen Organisation (vgl. Nippa 2007) auch die Kooperation mit den betrieblichen Interessenvertretungen auf die strategische Agenda des Managements zu setzen (vgl. Braun 2002).

5 Die Mitgestaltung innovationsförderlicher Rahmenbedingungen als Innovationsbeitrag von Betriebsräten

5.1 „Wo steht der Betriebsrat beim Thema Innovation?“ Selbsteinschätzungen der Interessenvertreter

Ideen für Verbesserung und Innovation im Betrieb werden von kompetenten Fach- und Führungskräften entwickelt und umgesetzt – unter „innovationsfördernden“, ermöglichenden, motivierenden und eben nicht blockierenden Rahmenbedingungen (vgl. Hinterhuber/Stadler 2006; Nippa 2007; Kriegesmann/ Kerka 2007). Die Gestaltung organisatorischer Rahmenbedingungen, unter denen die Fach- und Führungskräfte ihr innovatives Potenzial zur Entfaltung bringen, ist als ein zentraler Hebel zur Stärkung und Unterstützung betrieblicher Innovationsfähigkeit weithin anerkannt (vgl. Thom/Etienne 2000, Angle 2000). Doch welche konkreten Innovationsbeiträge können Betriebsräte hier leisten? Können Betriebsräte durch eine Mitwirkung und/oder durch eigene Initiative in diesen Bereichen gleichsam „Innovationsvorbereitung“ betreiben und so indirekt zur Stärkung der betrieblichen Innovationsfähigkeit beitragen?

Dass betriebliche Interessenvertreter mögliche eigene Innovationsbeiträge auf ihren angestammten Feldern (Organisatorische Bedingungen, Personalpolitik, Betriebliches Vorschlagswesen respektive Ideenmanagement) verorten, ist auch mit Ergebnissen der schriftlichen Befragung zu unterstreichen, die als Follow-Up-Untersuchung unter den Betriebsräten der Fallstudien-Betriebe durchgeführt wurde: Zur Leitfrage „Wo steht der Betriebsrat beim Thema Innovation?“ wurden den Betriebsräten eine Reihe von Aussagen präsentiert. Die Selbsteinschätzungen konnten dabei den Fremdeinschätzungen aus den Fallstudien-Interviews zugeordnet werden und wiesen eine durchweg gute Übereinstimmung auf. Abbildung 8 ist zu entnehmen, in welchen Bereichen die Betriebsräte ihre Stärken sehen – und welche möglichen Innovationsbeiträge für die eigene Situation als weniger zutreffend eingeschätzt werden.

Die Balken visualisieren die Anzahl der Betriebsräte, die den Aussagen (1) bis (10) für ihre eigene Situation jeweils zustimmen konnten. Während die Betriebsräte des Fallstudien-Samples eigene Initiativen zur Förderung von Kompetenz und zur Mitgestaltung von Arbeitsorganisation, Personalpolitik und auch des Ideenmanagements überwiegend bestätigen (vgl. die hohen Zustimmungen zu [1] und [2]), werden direkte Innovationsbeiträge (vgl. [10] „Der Betriebsrat entwickelt eigene Ideen für neue Produkte oder Märkte“) als deutlich weniger zutreffend eingeschätzt. Auch die geringe Zustimmung zur Aussage „Der Betriebsrat kümmert sich um Freiräume für innovative Mitarbeiter" (vgl. Rangplatz [9]) verweist auf Grenzen der betriebsrätlichen Praxis.

Abb. 8: Mitbestimmung und Innovation: Selbsteinschätzungen der Betriebsräte

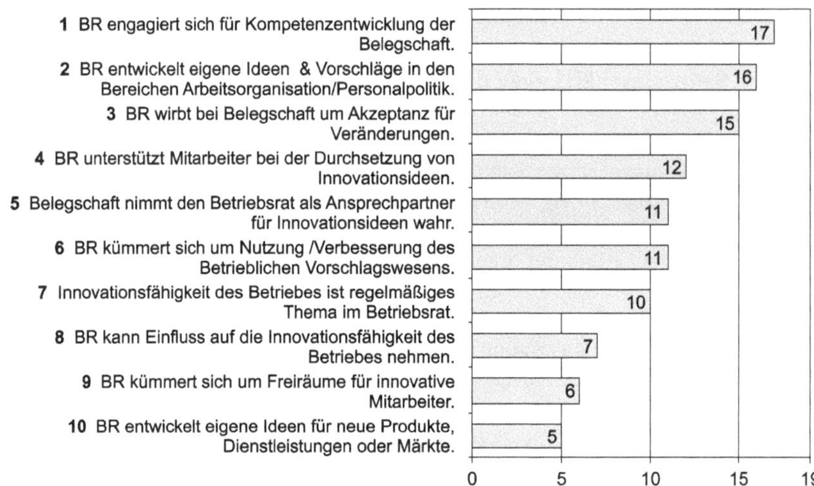

Quelle: Nacherhebung IAI-Fallstudienreihe „Betriebsräte und Innovationen", N = 19 Betriebsräte; angegeben sind die Häufigkeiten der zustimmenden Antworten

Hinsichtlich weiterer wichtiger Aspekte innovationsorientierter Mitbestimmung (vgl. [5] „Die Belegschaft nimmt den Betriebsrat als Ansprechpartner für Innovationsideen wahr" oder [7] „Innovationsfähigkeit ist ein regelmäßiges Thema im Betriebsrat") machen die Ergebnisse auf noch zu erschließende Entwicklungsreserven aufmerksam. Mit diesen Selbsteinschätzungen ist anzunehmen, dass eine Rolle als „Innovationsvorbereiter" und „Umsetzungsunterstützer" („Der Betriebsrat wirbt bei der Belegschaft um Akzeptanz für Veränderungen", vgl. Rangplatz [3] in Abb. 8) an den Stärken der Betriebsräte anknüpft.

Nach dieser ersten empirischen Skizze ist auf die Mitgestaltung betrieblicher Innovationsfähigkeit über die Hebel der organisatorischen und personalpolitischen Rahmenbedingungen nun näher einzugehen: Welche Ansatzpunkte für Betriebsräte bestehen hier und welche Spannungsfelder sind zu erkennen?

– In *Kapitel 5.2* wird zunächst die empirische Bestandsaufnahme fortgeführt: Wie gut sind die Bedingungen für Innovation in den Betrieben? Und sind in innovationsstarken Unternehmen auch innovatorische Rahmenbedingungen vorzufinden? Die Betriebsräte wurden dazu im Rahmen der WSI-Betriebsrätebefragung 2008/2009 gebeten, ausgewählte Rahmenbedingungen und Innovationskompetenzen zu bewerten.

– Wie Betriebsräte durch das Mitgestalten von Rahmenbedingungen Innovationen einen fruchtbaren Nährboden bereiten können, wird in *Kapitel 5.3* erörtert. Auf der empirischen Grundlage der Betriebsfallstudien werden Ansatzpunkte für Betriebsräte zur Stärkung der Motivation zur Innovation und zur Unterstützung von Innovationsfähigkeit in der Belegschaft besprochen.

5.2 Wie innovationsförderlich sind die Rahmenbedingungen in den Betrieben? Eine empirische Bestandsaufnahme

Die Mitwirkung bei Veränderungen der Arbeitsorganisation und der Personalpolitik gehört zu den ureigensten Betriebsratsaufgaben. Betriebsräte beteiligen sich in diesen Feldern mit zahlreichen eigenen Ideen und Initiativen.

Im vorliegenden Begründungszusammenhang ist von Interesse, inwieweit diese betriebsrätlichen Innovationsideen genutzt werden, um die innovatorischen Rahmenbedingungen im Betrieb zu verbessern. Engagieren sich Betriebsräte überhaupt in diesem Bereich? Und wenn ja, was unternehmen Betriebsräte, um über eine Verbesserung der innovatorischen Rahmenbedingungen die Innovationskompetenzen der Belegschaften zu fördern und so die betriebliche Innovationsfähigkeit insgesamt zu unterstützen?

5.2.1 Einschätzung der organisatorischen Rahmenbedingungen

Zu analysieren ist zunächst, wie Betriebsräte überhaupt die Rahmenbedingungen für Innovation in ihren Betrieben einschätzen. Denn als potenzielles Handlungsfeld werden Betriebsräte die Gestaltung der Rahmenbedingungen für Innovation erst wahrnehmen, wenn sie einen Handlungsbedarf in diesem Bereich erkennen. In der folgenden Übersicht werden – anknüpfend an verschiedene Stellen in der Literatur (vgl. Kriegesmann et al. 2007; Nippa 2007; Hinterhuber/Stadler 2006; vgl. auch Gemünden/Hölzle 2006) – Facetten des mehrdimensionalen Konstrukts „innovationsförderliche Rahmenbedingungen" eingeordnet. Die Merkmale in Abbildung 9 stehen exemplarisch für das Item-Set, das in der WSI-Betriebsrätebefragung 2008/2009 genutzt wurde, um die Rahmenbedingungen für Innovation zu operationalisieren.

In der WSI-Betriebsrätebefragung 2008/2009 wurden sowohl die Rahmenbedingungen für Innovation als auch die Innovationskompetenzen der Belegschaften durch die Betriebsräte eingeschätzt. Zur Beurteilung wurde jeweils eine intuitiv zugängliche Schulnoten-Skala eingesetzt. Abbildung 10 zeigt, wie die Rahmenbedingungen von den Betriebsräten im Durchschnitt eingeschätzt wurden.

Abb. 9: „Innovationsförderliche Rahmenbedingungen" – Konzeptspezifizierung

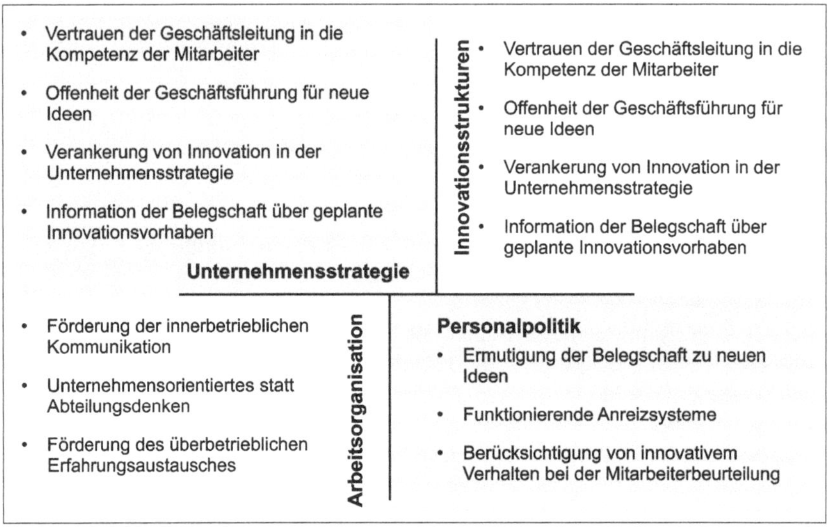

Unternehmensstrategie

- Vertrauen der Geschäftsleitung in die Kompetenz der Mitarbeiter
- Offenheit der Geschäftsführung für neue Ideen
- Verankerung von Innovation in der Unternehmensstrategie
- Information der Belegschaft über geplante Innovationsvorhaben

Innovationsstrukturen

- Vertrauen der Geschäftsleitung in die Kompetenz der Mitarbeiter
- Offenheit der Geschäftsführung für neue Ideen
- Verankerung von Innovation in der Unternehmensstrategie
- Information der Belegschaft über geplante Innovationsvorhaben

Arbeitsorganisation

- Förderung der innerbetrieblichen Kommunikation
- Unternehmensorientiertes statt Abteilungsdenken
- Förderung des überbetrieblichen Erfahrungsaustausches

Personalpolitik

- Ermutigung der Belegschaft zu neuen Ideen
- Funktionierende Anreizsysteme
- Berücksichtigung von innovativem Verhalten bei der Mitarbeiterbeurteilung

Abb. 10: Rahmenbedingungen für Innovationen aus Sicht der Betriebsräte

Quelle: WSI-Betriebsrätebefragung 2008/2009, N = 1.700

Zu erkennen ist insgesamt: Die Betriebsräte bewerten die Rahmenbedingungen für Innovation in einem Bereich zwischen „befriedigend“ und „ausreichend“. Die Ergebnisse zeigen in einer ersten Annäherung, dass es weniger an der Einsicht des Managements in die Bedeutung der Mitarbeiter für das betriebliche Innovationsgeschehen mangelt; die Schwierigkeiten liegen vielmehr in der Umsetzung von innovativen Ideen.

Während das Vertrauen der Geschäftsführung in die Kompetenzen der Mitarbeiter, die Offenheit der Geschäftsführung für neue Ideen oder die Ermutigung der Belegschaft zu neuen Ideen am höchsten eingeschätzt wird, rangieren Fehlertoleranz und die Schaffung von Freiräumen für innovative Mitarbeiter – als häufig genannte Kennzeichen innovationsfreundlicher Kulturen – in der Bewertung deutlich schlechter. Auch die betriebliche Informationspolitik in Innovationsfragen wird eher schlecht eingeschätzt.

Um einen Vergleich zu ermöglichen, wurden die Betriebe in der obigen Abbildung nach ihrem Innovationsverhalten gruppiert (in der aus Kap. 4.1 bekannten Systematik). Dabei ist zu erkennen, dass sich die Innovationsbedingungen zwischen den Innovationstypen deutlich unterscheiden. Insbesondere für die Betriebe mit geringerer Innovationsdynamik liegen die Bewertungen der Rahmenbedingungen deutlich unter den Werten der innovationsaktiveren Gruppen. Aus einer anderen Perspektive betrachtet: Selbst Betriebsräte aus den innovationsaktivsten Betrieben, den Mehr-Ebenen-Innovatoren, bezeichnen das innovatorische Umfeld in ihren Unternehmen als „befriedigend“; euphorische Einschätzungen der Bedingungen für Innovationen sind hier also selten zu finden.

In Erweiterung der quantitativ-empirischen Befragung erlauben die Fallstudien differenziertere Aussagen über die Ausgestaltung der betrieblichen Rahmenbedingungen. Einige Beispiele mit Bezug auf verschiedene Innovationsarten illustrieren das Feld:

Bei der *Umsetzung arbeitsorganisatorischer Innovationen* verhindern mangelnde Kommunikationsstrukturen und die fehlende Einbindung der Mitarbeiter oft die erfolgreiche Umsetzung von Innovationsprojekten (z.B. die Einführung von Gruppenarbeit). Vielfach zentral mit Hilfe externer Berater geplant, werden häufig tradierte innerbetriebliche Ablaufstrukturen vernachlässigt und die Folgen eingeleiteter Veränderungen nur unzureichend bedacht.

Die Bearbeitung *inkrementeller Innovationen im Produktbereich* vollzieht sich zumeist im Rahmen der Bearbeitung von Kundenanforderungen als Teil der „normalen“ Arbeitsaufgabe der entsprechenden Konstruktionsabteilung im Maschinenbau, oder der Anwendungsentwicklung in der chemischen Industrie. Personelle Überlastungen haben in den Fallstudienbetrieben vielfach dazu geführt, dass für darüber hinausgehende, eigenständige Entwicklungstätigkeiten (so genannte „Hobby-Forschung“) keine Spielräume mehr bestehen oder dass die Schaffung diesbezüglicher Freiräume der individuellen Arbeitsgestaltung überlassen wird. Werden inkrementelle Produktverbesserungen hingegen durch die Produktionsmitarbeiter initiiert, treten häufig Kommunikationsprobleme zu den entsprechenden Fachabteilungen auf, die zu Verzögerungen bei der Umsetzung der entsprechenden Vorschläge führen.

Die Planung und Umsetzung inkrementeller Innovationen im Produkt- und Prozessbereich bzw. hinsichtlich der Gestaltung der Arbeitsorganisation ist in vielen Fallstudienbetrieben über *Gruppenarbeit und so genannte Produktionssysteme* institutionalisiert. Während die Innovationsarbeit in den Arbeitsgruppen auf die Verbesserung des direkten Arbeitsumfeldes ausgerichtet ist, werden über die Produktionssysteme gruppen- und abteilungsübergreifende Innovations- und Verbesserungsthemen bearbeitet. Die Gruppen und Projekte haben innerhalb der Unternehmen einen hohen Stellenwert, so dass die für die Projektarbeit notwendigen materiellen, zeitlichen und personellen Ressourcen zur Verfügung stehen. Dies gilt insbesondere für die Produktionssysteme, die von den Hierarchiespitzen initiiert und entsprechend protegiert werden. Im Rahmen dieser Projekte gilt auch eine ausgeprägte Fehlertoleranz als notwendig:

> „Beim *Thema Kaizen* haben wir schon eine gewisse Fehlerkultur drin. Da gehört es ja dazu, dass man sagt, das probieren wir jetzt aus und dann gucken wir mal, ob's geht. Wenn es nicht geht, passiert nix, außer dass man halt wieder umstellt oder sagt: Gut, den Prozess müssen wir noch mal verändern." (Personalleiter von M-2)

Insgesamt ist in diesem Bereich ein relativ hoher Routinisierungsgrad zu beobachten. Abseits dieser speziellen Abteilungen mit „Fehlererlaubnis" besteht jedoch häufig

> „die Angst, exponiert zu sein, sich rechtfertigen zu müssen, warum man vielleicht irgendetwas befürwortet hat, was sich hinterher als falsch 'rausstellt." (Personalchef von C-2)

Eine Angst, die zur Ablehnung von Innovationsideen führt und eine Offenheit für neue Ideen konterkariert.

Für *radikale Produktinnovationen* gilt branchenübergreifend: Freiräume für die Entwicklung derartiger Innovationen werden allenfalls den Forschungs- und Entwicklungsabteilungen als „natürlicher" Bestandteil von Entwicklungsprozessen zugestanden. Gleichzeitig werden aber auch hier die bestehenden Freiräume zunehmend durch ein erfolgsorientiertes Projektcontrolling begrenzt.

Während es häufig nicht an guten Ideen oder generellen Bekenntnissen zur Innovationsförderung mangelt, treffen innovationsfreudige Mitarbeiter bei der *Umsetzung* konkreter Innovationsprojekte allerdings auf zahlreiche *innerbetriebliche Barrieren* (vgl. Kerka 2010). Zunehmende Unternehmensgröße oder die Einbindung in internationale Konzernstrukturen bedingen dabei besonders komplexe Entscheidungsprozesse, die für innovationsbereite Mitarbeiter vielfach nicht überschaubar sind. Innovationsideen werden dann aus für den Ideengeber zunächst nicht nachvollziehbaren Gründen abgelehnt und können nachfolgend zu „Innovationsabstinenz" durch Demotivation führen. Mangelnder Kontakt zu übergeordneten Entscheidungsträgern oder mangelnde Kommunikation der Ablehnungsgründe durch die direkten Vorgesetzten verschärfen diese Effekte. Mit der Zahl der Entscheider wächst auch die Zahl der Bedenkenträger:

> „Bis zu dem Punkt ein Thema darzustellen, klappt eigentlich wunderbar, aber wenn es sozusagen einen Mangel gibt, dann ist das die anschließende Umsetzung im Hause. Dann reden zu viele mit! Dann kommen weitere Gremien hinzu, wo das Thema durch muss, die dann wieder noch andere Aspekte haben, warum sie es nicht machen wollen ... " (Personalverantwortlicher von I-4)

Im IT-Unternehmen I-1 hat man deshalb zur Verbesserung der Kommunikation ein monatliches so genanntes „Vorstandsfrühstück" eingerichtet. Interessierte Mitarbeiter können hier in direkten persönlichen Kontakt mit dem Vorstandsvorsitzenden treten und ihre Ideen und Verbesserungsvorschläge persönlich vorstellen. In den eher mittelständisch geprägten Unternehmen des Maschinenbaus treten derartige Probleme seltener auf. Geringere Unternehmensgröße und langjährige Betriebszugehörigkeit der Belegschaften erleichtern hier den direkten Kontakt zu den betrieblichen Entscheidungsträgern.

5.2.2 Einschätzung der Innovationskompetenzen der Belegschaften

Das Schaffen innovationsfördernder Rahmenbedingungen kann zwar das betriebliche Innovationsgeschehen unterstützen, eine Garantie für Innovationen bieten sie jedoch nicht. Dazu bedarf es innovationskompetenter Mitarbeiter, die sich innerhalb dieser Rahmenbedingungen entfalten können und wollen. Wie aber schätzen Betriebsräte die Kompetenzen der Fach- und Führungskräfte ein? Wo sehen sie Stärken und Schwächen?

Analog zu der Einschätzung der organisatorischen Rahmenbedingungen wurde in der telefonischen Befragung wiederum die Bewertung eines Merkmal-Sets auf einer Schulnoten-Skala erfragt. Die Ergebnisse werden wiederum für unterschiedliche Betriebstypen vergleichend dargestellt (vgl. Abb. 11).

Betriebsräte sehen die Stärken der Belegschaften in Lernbereitschaft und im Erkennen von Möglichkeiten zum Verbessern des Bestehenden. Insgesamt wird den technisch-fachlichen Kompetenzen ein gutes „Zeugnis" ausgestellt. Sobald jedoch Aufgaben über den Arbeitsalltag hinausweisen, sehen die befragten Betriebsräte durchaus auch Defizite. Während etwa die Fähigkeiten zur Beurteilung der technischen Machbarkeit von Innovationsideen durchaus positiv eingeschätzt werden, fällt die Kompetenz, Innovationsideen betriebswirtschaftlich bewerten zu können, in der Einschätzung der Betriebsräte ab.

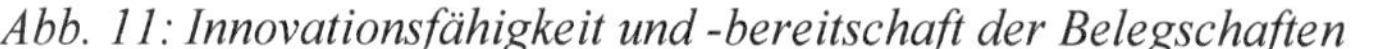

Abb. 11: Innovationsfähigkeit und -bereitschaft der Belegschaften

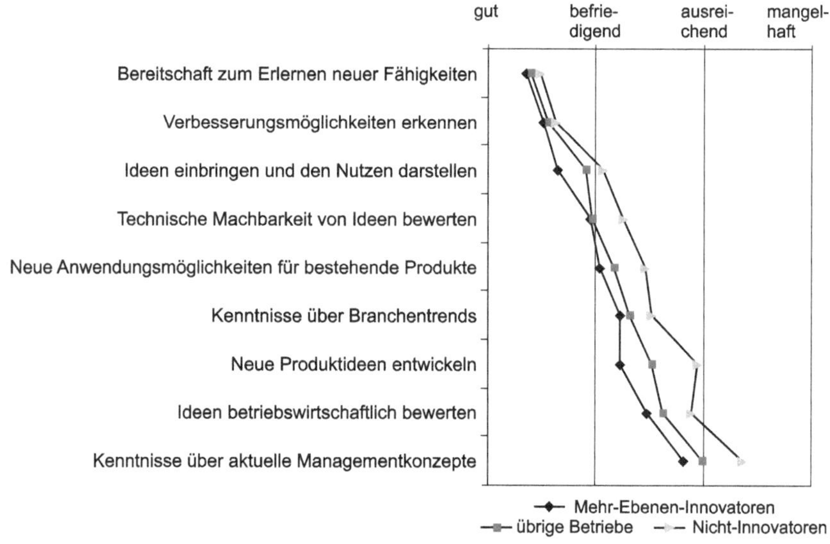

Quelle: WSI-Betriebsrätebefragung 2008/2009, N = 1.700

Insgesamt wird deutlich, dass die Kompetenzbeurteilung durch die Interessenvertreter mit der Innovativität des jeweiligen Unternehmenskontextes variiert. Die als „Nicht-Innovatoren“ einzuordnenden Betriebe weisen demnach durchgängig schwächer ausgeprägte Kompetenzen auf. Je weiter sich Aufgaben vom gewohnten beruflichen Umfeld entfernen, um so klarer treten Diskrepanzen zu den Kompetenzen der Mehr-Ebenen-Innovatoren hervor.

Die Eindrücke aus den Fallstudienbetrieben spiegeln die in weiten Teilen positive Einschätzung der Fähigkeiten zur Innovation wider: Insbesondere die Fähigkeit, bestehende Prozesse und Produkte weiterzuentwickeln, wird bestätigt. Als eine wesentliche Ursache für diese Einschätzung wird das vorhandene Fachkräftepotenzial angesehen. Die Berufsausbildung schafft offensichtlich eine qualifikatorische Basis, welche die Ideengenerierung und Ideenumsetzung erleichtert. In den wenigen Betrieben des Fallstudiensamples, die einen hohen Anteil angelernter Mitarbeiter beschäftigen, werden im Kontrast Qualifikationsprobleme deutlich, die die schriftliche Darstellung von Ideen und die Bewertung von Ideen erschweren. Das äußert sich auch in scheinbar trivialen Engpässen: „Wir haben im BVW teilweise die Hürde des Aufschreibens. Das kennt man hier nicht so – gerade in den Bereichen, wo wir viele Ungelernte haben.“ (Bereichsleiter von M-6)

Etwas kritischer wird die Offenheit für Neues jenseits bestehender Pfade gesehen. Dies betrifft vor allem die technologische Entwicklung. Hier fällt es den Unternehmen schwer, die Zukunft fernab der bisher verwendeten Technologie abzuschätzen.

> „Wir stellen uns schon die Frage, warum gibt es kein grundsätzlich neues Produkt. Wir würden das teilweise mehr wünschen, aber die Zusammenarbeit mit dem Kunden in einem direkten Auftrag bremst uns da sehr. Uns fehlt so ein bisschen der Blick über den Tellerrand." (Geschäftsführer von M-11)

Dies betrifft aber auch die Entwicklung neuer Märkte, die gegebenenfalls neue Vertriebsstrukturen und neue Verhaltensmuster benötigen, die mit den bisherigen Mitarbeitern nur schwer umzusetzen sind.

Von den quantitativen Befragungsergebnissen etwas abweichend ist mit den Befunden aus den Fallstudienbetrieben der Aspekt der Veränderungsbereitschaft der Mitarbeiterinnen und Mitarbeiter zu interpretieren. Nach den Eindrücken der Betriebsräte entfaltet nur eine Minderheit der Belegschaftsmitglieder tatsächlich eine innovatorische Eigendynamik, während die Mehrheit der Belegschaftsmitglieder durch ein hohes „Beharrungsvermögen" zu kennzeichnen ist und vor allem durch Anreize zum Einsatz ihres innovatorischen Potenzials motiviert werden kann. Trotz vorhandener betrieblicher Anreizsysteme zeigt sich: Externer Innovationsdruck fördert die Innovationsbereitschaft der Mitarbeiter. Bei nachlassendem externem Druck sinkt die Bereitschaft der Belegschaften, sich aktiv an Innovationen zu beteiligen.

> „Wenn wir hier so richtig Druck haben, dann kommen die meisten Ideen für das BVW. Eigentlich denkt man ja, wenn weniger los ist, dann haben die Leute mehr Zeit und kommen auf neue Ideen, aber das ist gar nicht so." (Betriebsratsvorsitzender von M-7)

Mit zunehmendem Alter sinkt die Bereitschaft, sich auf Neues einzulassen. Ursächlich hierfür ist häufig die Angst vor der Nicht-Beherrschung neuer (Produktions-)Technologien. Mit zunehmendem Alter wird die Innovationsablehnung durch ein subjektiv wahrgenommenes Missverhältnis zwischen der individuellen Lernanstrengung, die für die Beherrschung der geplanten Innovation notwendig ist, und dem Nutzen für die verbleibende Lebensarbeitszeit verstärkt. „Für die paar Jahre, die ich noch hier bin, lohnt sich das nicht mehr" (Betriebsrat von M-3), ist auch gegenüber Betriebsräten ein häufig genanntes Gegenargument, wenn diese versuchen, Verständnis für Qualifizierungsmaßnahmen bei Betroffenen zu erzeugen.

Besondere Reaktanzen bestehen bei organisatorischen Innovationen. Die vielfach hohe Frequenz organisatorischer Innovationen erschüttert das Vertrauen in die „Haltbarkeit" der neuen Strukturen und Prozesse. Wenn der nächste Veränderungsprozess schon vorbereitet wird, noch bevor der aktuelle Changeprozess beendet ist, sinkt die Bereitschaft der Belegschaft, sich auf Neues einzulassen, geschweige denn, sich dafür zu engagieren. Die mangelnde Berücksichtigung von Einwänden und Anregungen der Betroffenen bewirken dann eine Ablehnung, zumindest aber eine die Umsetzung gefährdende Gleichgültigkeit gegenüber diesen Projekten (vgl. auch Pongratz/Trinczek 2005):

> „Die älteren Kollegen haben im Grunde schon alle möglichen Umstrukturierungen durchgemacht. Für die ist das so: Ich drehe jetzt zum dritten Mal den Kreis und sehe zum dritten Mal das, was einige vor zehn Jahren schon mal gemacht haben. Und dann sagen die sich: Die haben das und das damals falsch gemacht, und jetzt werden die gleichen Fehler wieder gemacht. Die Älteren wehren sich dann natürlich dagegen." (Betriebsrat von M-9)

5.2.3 Innovatorische Rahmenbedingungen in innovationsstarken Betrieben?

Abbildung 12 repräsentiert für die befragten 1.700 Betriebsräte die betriebsindividuelle Kombination aus der jeweiligen Einschätzung bezüglich der Innovationskompetenzen der Belegschaft (auf der Ordinate) und den betrieblichen Rahmenbedingungen für Innovation (auf der Abszisse). Aufgrund der eingesetzten Schulnoten-Skalen entsprechen dabei höhere Zahlenwerte schlechteren Beurteilungen. Zwischen der Bewertung der betrieblichen Rahmenbedingungen und der Bewertung der Innovationskompetenzen der Belegschaften besteht ein statistisch signifikanter Zusammenhang (Korrelationskoeffizient von R = ,46**).

Betrachtet man in einem weiteren Schritt die Rahmenbedingungen und Innovationskompetenzen differenziert nach dem Innovationsverhalten der Betriebe, so wird deutlich: Eine hohe betriebliche Innovationsleistung, insbesondere in der Gruppe der „Mehr-Ebenen-Innovatoren", korreliert mit innovationsförderlichen Rahmenbedingungen, während die „Nicht-Innovatoren" im Vergleich die ungünstigsten Bedingungen aufweisen. Innovationsaktive Betriebe zeichnen sich durch positive Bewertungen sowohl hinsichtlich der Rahmenbedingungen als auch hinsichtlich der Belegschaftskompetenzen aus.

Ergänzende tabellarische Darstellungen detaillieren diesen globalen Befund: Die durchschnittlichen Bewertungen per Schulnoten-Skala wurden dabei zu jeweils vier Kategorien (von gleicher Intervallbreite) zusammengefasst: In der ersten Zeile von Tabelle 14 stehen als Beispiel diejenigen 27,8% aller Betriebe, deren organisatorische Rahmenbedingungen für Innovation von den Betriebsräten mit „Noten" von 2,6 oder besser bewertet wurden. Der zeilenweise Vergleich der Spalten macht dann deutlich, dass die Rahmenbedingungen für Innovation bei den „Mehr-Ebenen-Innovatoren" deutlich besser einzuschätzen sind als im restlichen Sample.

Ein ähnliches Muster zeigt der folgende Vergleich der Innovationskompetenzen der Belegschaft, eingeschätzt und „benotet" durch die Betriebsräte. Die

Unterschiede zwischen den fünf Betriebsgruppen in den Spalten der Kreuztabelle 15 fallen hier jedoch geringer aus.

Abb. 12: Rahmenbedingungen für Innovationen und Innovationskompetenz

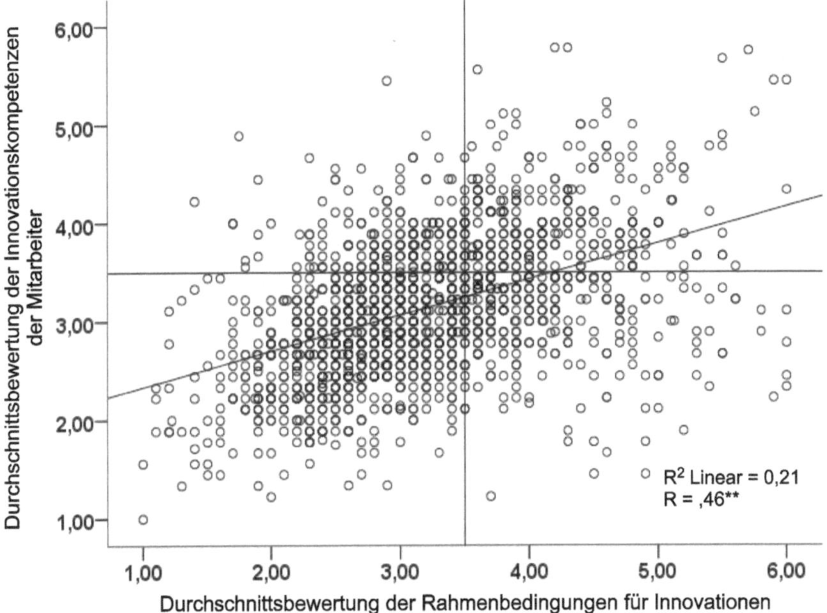

Quelle: WSI-Betriebsrätebefragung 2008/2009, N = 1.700

Tab. 14: Gesamteinschätzung der Rahmenbedingungen für Innovation

„Welche Schulnoten würden Sie für die Bedingungen für Innovationen in Ihrem Betrieb vergeben?"

	nach dem betrieblichen Innovationsverhalten:					
	Nicht-Innovat.	*Weiter-entwickler*	*Einführung produkt-nah. Dienstleistg.*	*Produkt-/ DL-Innovat.*	*Mehr-Ebenen-Innovatoren*	Gesamt
Benotung ≤ 2,6	*9,5*	*26,3*	*26,8*	*26,4*	*38,9*	27,8
2,61 ≤ 3,10	*11,9*	*24,4*	*26,5*	*25,4*	*23,1*	24,1
3,11 ≤ 3,78	*26,2*	*21,1*	*23,2*	*25,9*	*22,9*	23,1
Benotung ≥ 3,78	*52,4*	*28,2*	*23,5*	*22,4*	*15,1*	25,0
	100,0 n = 126	100,0 n = 418	100,0 n = 604	100,0 n = 201	100,0 n = 350	100,0 N = 1.699

Statistischer Zusammenhang: Kontingenzkoeffizient C = ,23; p = ,000

Quelle: WSI-Betriebsrätebefragung 2008/2009, N = 1.699, Angaben in %

Tab. 15: Die Innovationskompetenz der Belegschaften

„Wie schätzen Sie die Innovationsfähigkeit und Innovationsbereitschaft in der Belegschaft ein?“

	nach dem betrieblichen Innovationsverhalten:					
	Nicht-Innovat.	*Weiter-entwickler*	*Einführung produktnah Dienstleist.*	*Produkt-DL-Innovat.*	*Mehr-Ebenen-Innovat.*	*Gesamt*
Benotung ≤ 2,6	*13,4*	*19,1*	*21,4*	*18,4*	*31,1*	21,9
2,61 ≤ 3,10	*22,8*	*21,8*	*25,9*	*30,8*	*22,6*	24,5
3,11 ≤ 3,78	*34,6*	*43,8*	*37,1*	*36,3*	*32,6*	37,6
Benotung ≥ 3,78	*29,1*	*15,3*	*15,6*	*14,4*	*13,7*	16,0
	100,0 n = 126	100,0 n = 418	100,0 n = 604	100,0 n = 201	100,0 n = 350	100,0 N = 1.699

Statistischer Zusammenhang: Kontingenzkoeffizient C = ,17; p = ,000

Quelle: WSI-Betriebsrätebefragung 2008/2009, N = 1.699, Angaben in %

5.3 Mitgestaltung von Rahmenbedingungen für Innovationen: ein (noch unentdeckter) Hebel für Betriebsräte?

Die mit den Ergebnissen aus der WSI-Betriebsrätebefragung 2008/2009 dargestellten empirischen Zusammenhänge legen nahe: Möchte man die Innovationskraft der Betriebe steigern, so ist an den organisatorischen Rahmenbedingungen anzusetzen und in die Kompetenzen der Mitarbeiter zu investieren!

Zentrale Hebel für den Innovationserfolg liegen damit in den klassischen Arbeitsfeldern der Betriebsratsgremien. Wie bereits gezeigt, ist die Mehrzahl der Betriebsräte bei der Gestaltung der Arbeitsorganisation und der Personalpolitik auch proaktiv tätig und versucht, eigene Ideen für innovative Gestaltungsansätze in diesen Bereichen einzubringen. Inwieweit damit aber eine gezielte Verbesserung der *Rahmenbedingungen für Innovation* erreicht werden soll, ist bisher noch ungeklärt. Ist die Mitgestaltung innovationsfördernder Rahmenbedingungen überhaupt ein Ziel für die Betriebsräte?

In der WSI-Betriebsrätebefragung 2008/2009 wurde diese anspruchsvolle Frage über eine Filterführung an diejenigen 90% aller Betriebsräte gerichtet, die sich als grundsätzlich proaktiv tätig einordnen (vgl. dazu Kap. 3.3.3 oben).

Die Einschätzungen der Interessenvertreter lassen erkennen: Innovationshandeln in diesem spezifischen Sinne ist kein dominantes Ziel der Betriebsräte. 17,1% derjenigen Interessenvertreter, die bereits eigenständig – d.h. unabhängig von Aktionen der Geschäftsführungen – Innovationsvorschläge eingebracht haben, geben an, damit auch eine Verbesserung der Innovationsbedingungen im Blick gehabt zu haben. Bei der Mehrheit (66,4%) ist dies ein Ziel unter anderen – wenn auch sicherlich ein „willkommener Nebeneffekt". Die verbleibenden 16,4% der Betriebsräte haben dieses ehrgeizige Gestaltungsziel noch nicht aktiv verfolgt. Dieser generelle Befund verändert sich auch bei einer Differenzierung nach dem Innovationsverhalten der Betriebe nicht grundlegend (vgl. dazu Tab. 16).

Die Anteile der Betriebsräte, die von einem expliziten Engagement für innovatorische Rahmenbedingungen berichten, liegen in fast allen Gruppen unter 17%. In der Gruppe der besonders innovationsaktiven Betriebe, die als „Mehr-

Abb. 13: „Bedingungen für Innovationen" – ein Gestaltungsziel für Betriebsräte?

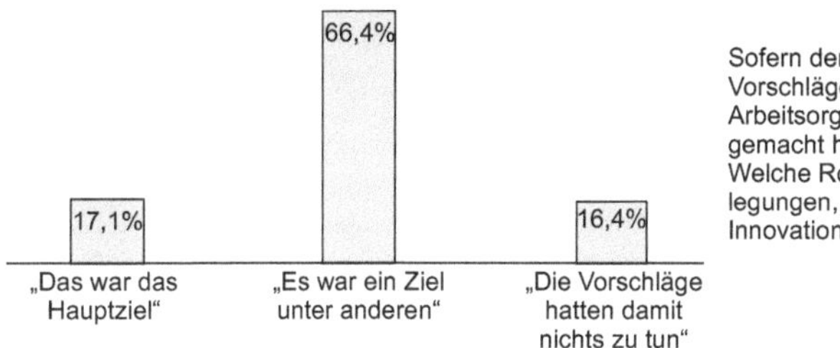

Sofern der Betriebsrat eigene Vorschläge in den Bereichen Arbeitsorganisation und Personal gemacht hat: Welche Rolle spielten dabei Überlegungen, die Bedingungen für Innovation im Betrieb zu verbessern?

Quelle: WSI-Betriebsrätebefragung 2008/2009, N = 1.507 (Filterführung)

Tab. 16: Verbesserung der Innovationsbedingungen

„Sofern der Betriebsrat eigene Vorschläge in den Bereichen Arbeitsorganisation und Personal gemacht hat: Welche Rolle spielten dabei Überlegungen, die Bedingungen für Innovation im Betrieb zu verbessern?"

	nach dem Innovationsverhalten der Betriebe:					
	Nicht-Innov.	*Weiter-entwickler*	*Einführung produkt-naher DL*	*Produkt-/ DL-Innovat.*	*Mehr-Ebenen-Innovat.*	Gesamt
„Dies war das Hauptziel"	*17,0*	*16,7*	*15,6*	*16,6*	*20,4*	17,1
„Es war ein Ziel unter mehreren"	*51,0*	*69,7*	*69,9*	*64,6*	*63,2*	66,6
„Die Vorschläge hatten damit nichts zu tun"	*32,0*	*13,5*	*14,5*	*18,8*	*16,4*	16,3
	100,0 n = 100	100,0 n = 347	100,0 n = 559	100,0 n = 181	100,0 n = 318	100,0 N = 1.505

Statistischer Zusammenhang: Kontingenzkoeffizient: C = ,13; p = ,001

WSI-Betriebsrätebefragung 2008/2009, N = 1.505 (Filterführung), Angaben in %

Ebenen-Innovatoren“ bezeichnet wurden, gibt jeder fünfte Betriebsrat an, die Verbesserung der Bedingungen für Innovationen als ein Hauptziel zu verfolgen.

Fraglich ist weiterhin, ob die Beurteilung der betrieblichen Rahmenbedingungen für Innovation bzw. der Innovationskompetenzen der Mitarbeiter das Betriebsratshandeln beeinflusst: Ist die Diagnose von Schwächen bei den Innovationsbedingungen ein Ausgangspunkt für Betriebsräte, sich stärker in diesem Bereich zu engagieren?

Tab. 17: Betriebliche Rahmenbedingungen für Innovation

„Sofern der Betriebsrat eigene Vorschläge in den Bereichen Arbeitsorganisation und Personal gemacht hat: Welche Rolle spielten dabei Überlegungen, die Bedingungen für Innovation im Betrieb zu verbessern?“

	Rahmenbedingungen für Innovation			*Innovationskompetenzen der Belegschaft*		
	gut	befriedigend	ausreichend	gut	befriedigend	ausreichend
„Dies war das Hauptziel“	23,7	13,7	17,2	22,5	16,8	14,0
„Es war ein Ziel unter mehreren“	65,0	70,3	61,7	64,9	68,0	64,2
„Die Vorschläge hatten damit nichts zu tun“	11,3	16,0	21,1	12,7	15,1	21,8
Gesamt	100,0	100,0	100,0	100,0	100,0	100,0

Quelle: WSI-Betriebsrätebefragung 2008/2009, N = 1.507 (Filterführung), Angaben in %

Die empirischen Befunde zeigen weitgehend parallele Einschätzungen bei den Rahmenbedingungen und den Innovationskompetenzen: Betriebsräte, die die Rahmenbedingungen für Innovation positiv („gut“) einschätzen, haben häufiger eigene Vorschläge zur gezielten Gestaltung gemacht. Gleiches gilt für die Innovationskompetenzen. Im Umkehrschluss heißt das aber auch: Betriebsräte, die eine weniger gute („ausreichende“) Einschätzung abgeben, haben die Mitgestaltung der Innovationsrahmenbedingungen trotzdem noch nicht als ein Handlungsfeld entdeckt. Der „Reflex“, bei Defiziten aktiv zu werden und die Initiative zu ergreifen, ist mit Blick auf das Ziel Innovation offensichtlich noch nicht stark ausgeprägt. Ist proaktives Engagement für eine innovatorische Arbeitsgestaltung tatsächlich noch „Zukunftsmusik“, zu fern der – gewiss dicht besetzten – Agenda betriebsrätlicher Kernaufgaben?! In diese Richtung weist, mit Bezug auf betriebliche Umsetzungen von gewerkschaftlichen „Besser statt billiger“-Initiativen, eine Bilanz von Haipeter und Kollegen (2011, S. 245).

Diese empirischen Befunde decken sich auch mit Eindrücken aus den Interviews mit Betriebsräten und Managementvertretern im Rahmen der Fallstudien: Zwar wirken alle Betriebsräte an der Gestaltung der Rahmenbedingungen mit, eine gezielte Verbesserung oder Gestaltung der Innovationsrahmenbedingungen war jedoch eher die Ausnahme. Hier dominieren Aktivitäten im Routinebereich, etwa das Besprechen von Eingruppierungsfragen, Abstimmen von Fortbildungsprogrammen und das Aushandeln von Betriebsvereinbarungen. Wenn sie Innovationshandeln forcieren, verengen Betriebsräte und Managementvertreter „Innovation" häufig auf Gestaltungsansätze des Betrieblichen Vorschlagwesens oder „Kaizen". Eine ganzheitliche Begriffsvorstellung im Sinne eines Ideen- und Innovationsmanagements (vgl. dazu Kerka 2011) wurde von den Interviewpartnern selten skizziert.

In einzelnen Unternehmen differenziert sich innovationsorientiertes Betriebsratshandeln im Bereich von Personalpolitik und Arbeitsorganisation jedoch weiter aus. Dabei lassen sich zwei Ebenen unterscheiden, auf denen die unterschiedlichen Kompetenzdimensionen (Fähigkeiten der Belegschaft, Motivation der Belegschaft, organisatorische Rahmenbedingungen, vgl. dazu Staudt/Kriegesmann 2002) adressiert werden:

- Einerseits engagieren sich Betriebsräte bezogen auf konkrete Innovationsprojekte und bringen sich dort gezielt sowohl zur Sicherung der Umsetzung als auch zur Wahrung von Arbeitnehmerinteressen ein.
- Andererseits sind Betriebsräte aktiv, wenn es darum geht, strategisch-strukturell die betriebliche Innovationsfähigkeit für morgen zu sichern oder Innovationspotenziale aufzubauen.

Führt man diese zwei Ebenen und die drei Kompetenzdimensionen zusammen, so ergibt sich eine Matrix als Aktionsrahmen für das auf die Förderung von Belegschaftskompetenzen gerichtete, vorbereitende und unterstützende Innovationshandeln der Betriebsräte (vgl. Abb. 14):

Die den Feldern zugeordneten exemplarischen Ansatzpunkte sind in den folgenden *Kapiteln 5.3.1* bis *5.3.3* näher auszuführen, dominant unter Rückgriff auf die Erkenntnisse aus den qualitativen Betriebsfallstudien dieser Studie. Das Ziel der Darstellungen liegt darin, einen Möglichkeitsraum für Innovationsbeiträge von Betriebsräten zu eröffnen – ohne dabei den Blick für Spannungsfelder zu verlieren. Plausible Konfliktlinien zwischen innovationsorientierten Betriebsräten, dem Management und der Belegschaft werden daher ebenfalls skizziert.

5.3.1 Ansatzpunkt „Stärkung der Fähigkeiten zur Innovation"

Dass fähige Belegschaften der Schlüssel für die betriebliche Innovationsfähigkeit sind, ist inzwischen unbestritten. Damit setzen die traditionellen Aktionsfelder von Betriebsratshandeln an der zentralen Größe für den unternehmerischen Innovationserfolg an. Dabei steht nicht nur die „Abarbeitung" des sich aus lau-

Abb. 14: Innovationsbeiträge von Betriebsräten: Handlungsrahmen und ausgewählte Ansatzpunkte

	projektbezogen	strategisch/strukturell
Fähigkeiten der Belegschaft	• Mitwirkung bei Qualifizierungsmaßnahmen • Altersbezogene Differenzierung von Qualifizierungsmaßnahmen	• Forderung nach mittelfristiger Personalplanung • Gestaltung von Ausbildungs- und Weiterbildungskonzepten (quantitativ und qualitativ)
Motivation der Belegschaft	• Individuelle Gespräche und Betriebsversammlungen • Mitwirkung im BVW	• Verbesserung des BVW • Gestaltung innovationsorientierter Entgeltkomponenten • Gestaltung innovationsorientierter Mitarbeiterbeurteilungen
Organisatorische Rahmenbedingungen	• „Organisationales Gedächtnis" • Prozesspromotor bei Kommunikationsbruchstellen • „Machtpromotor" • Schutz vor Sanktionen bei Innovationsscheitern	• Sicherung von F&E-Budgets • Gestaltung von „Guter Arbeit" • Gestaltung von Gruppenarbeit und von Kaizen-Systemen

fenden Innovationsprojekten ergebenden Qualifizierungsbedarfs im Fokus, sondern häufig auch die Schaffung von Ausbildungs- und Qualifizierungsstrukturen, die erst die langfristige Entwicklung der Innovationsfähigkeit des Unternehmens sichern sollen.

Basierend auf betriebsverfassungsrechtlich abgesicherten Mitbestimmungsrechten und gestützt auf die betriebliche Personalplanung bildet das Engagement bei Qualifizierungsfragen einen Schwerpunkt der innovationsbezogenen Betriebsratsarbeit. Dies zeigen die Daten der WSI-Betriebsrätebefragung 2008/2009 und auch die Erhebungen bei den Fallstudienbetrieben: In der Nacherhebung unter den Betriebsräten der Fallstudienbetriebe erhielt die Aussage „Der Betriebsrat engagiert sich, dass die Qualifikation der Belegschaft angepasst und weiterentwickelt wird" von 16 Items zu möglichen Innovationsbeiträgen von Betriebsräten die zweithöchste Zustimmung. Diese grundsätzlich positive Einschätzung setzen – wie die Fallstudien illustrieren – einzelne Betriebsräte so um, dass sie sich auf die Schaffung einer soliden Basis an beruflichen Fähigkeiten ausrichten und ein Fundament für die erfolgreiche Umsetzung von Innovationen legen.

5.3.1.1 Projektbezogenes Betriebsratshandeln zur Stärkung der Innovationsfähigkeit

Die Erschließung neuer Geschäftsfelder und Märkte, die Umsetzung neuer Produktideen, aber auch die Einführung neuer Fertigungsprozesse und Technologien ist häufig nicht mit den vorhandenen Qualifikationen im Unternehmen zu bewältigen. Die innovationsbezogenen Aushandlungsprozesse zwischen Management und Betriebsrat beziehen sich dann weniger auf die inhaltliche Überprüfung der Managemententscheidungen. Im Vordergrund steht vielmehr, wer die neuen Aufgaben übernehmen soll und ob die vorhandenen individuellen Qualifikationen ausreichen, diese Aufgaben auch tatsächlich ausführen zu können. Aus der Gegenüberstellung von vorhandener und tatsächlich benötigter Qualifikation lässt sich ein eventueller Qualifizierungsbedarf ableiten. Dabei zeigt sich: Aufgrund fehlender fachspezifischer Kenntnisse und Instrumente fällt es Betriebsräten mit steigendem Innovationsgrad schwer, diese Aufgabe mit den eigenen Mitteln zu leisten, stattdessen sind sie auf die Einschätzungen der zuständigen Personalbearbeiter angewiesen. Auch wenn Betriebsräte sicherlich in der Lage sind, eine grobe Abschätzung der geforderten Qualifikationen vorzunehmen – die Interessenvertreter sind sich ihrer Grenzen bewusst: „Im Detail zu beurteilen, der Mitarbeiter auf der Stelle müsste dieses oder jenes können – das können andere einfach besser als ich.“ (Betriebsrat von M-4)

Zur Beschäftigungssicherung für die vorhandene Belegschaft versuchen Betriebsräte zunächst, die erforderlichen Qualifikationen durch betriebliche Fort- und Weiterbildungsmaßnahmen zu ermöglichen. Insbesondere bei radikalen Innovationsprojekten ist dies aber mit den vorhandenen Mitteln häufig nicht in angemessener Zeit möglich, zumal konventionelle Weiterbildungs- und Qualifizierungsmaßnahmen zwar Informationen und explizites Wissen vermitteln können, nicht aber die personengebundenen Umsetzungserfahrungen (vgl. zur Diskussion um den so genannten „Mythos Weiterbildung“ Staudt/Kriegesmann 1999; vgl. auch Reischmann 1998). In diesen Fällen ist der Rückgriff auf externe Arbeitsmärkte unvermeidlich, wie die folgenden Beispiele ausführen:

Beispiel für externe Spezialisten im Bereich Forschung und Entwicklung

> „Erst werden alle Stellen intern ausgeschrieben. Wenn man einen bestimmten Forscher, Techniker, Laboranten braucht, wird geguckt, welche Qualifikationen wir hier haben. Im zweiten Schritt wird diskutiert: Da hat sich jemand beworben und der würde darauf passen, dann werden diese Mitarbeiter auch weiterqualifiziert. Nur es gibt ein paar Ecken, da haben auch wir gesagt, die Qualifikation haben wir hier nicht. Wenn wir dann so ein Projekt machen, müssen die Leute halt eingestellt werden.“ (Konzernbetriebsratsvorsitzender von C-5)

Beispiel für externe Vertriebsspezialisten

> „Ich habe irgendwann mal lernen müssen, dass man z.B. mit den Leuten hier aus dem Werk, unseren alten Verkäufern, im Grunde genommen unsere neuen Produkte nicht verkaufen kann, weil das ein ganz anderes Umfeld ist. Das heißt, man muss auch in eine Mannschaft investieren und neue Leute einstellen, um am Markt erfolgreich zu sein." (Betriebsratsvorsitzender von M-3)

In solchen Fällen achten Betriebsräte darauf, dass die Betriebe sich nicht einseitig von den neuen Wissensträgern abhängig machen, sondern dass das neue Wissen in einem nächsten Schritt über geeignete Transfermaßnahmen breiter in das Unternehmen gestreut wird. Auf diese Weise wollen Betriebsräte verhindern, dass es nur

> „zwei, drei Fahnenträger gibt, die das alles können. Wenn man nur einen Mitarbeiter von irgendwo einstellt und er der Einzige bleibt, aber nach einer Weile beschließt, woanders hinzugehen, dann haben wir ja super investiert. Deshalb fragen wir sofort: Wie viele Mitarbeiter kommen da noch?" (Betriebsrat von I-4)

Während sich Betriebsräte der externen Einstellung hochspezialisierter und hochqualifizierter Know-how-Träger nicht widersetzen, bestehen sie im Gegenzug bei der Bereitstellung der auch bei „Innovationsarbeit" notwendigen gewerblichen Fachkräfte auf einer Nutzung innerbetrieblicher Ressourcen, die dann entsprechend zu qualifizieren sind.

Beispielhaft hierfür stehen Erfahrungen aus dem Chemieunternehmen C-5. Veränderte Forschungsstrukturen (Themenspezifische Konzentration der Forschungsprojekte an bestimmten Standorten mit Beschäftigungsunsicherheit bei zum Teil kurzfristigem Projektabbruch oder regulärem Projektende) führten zur Gründung eines Laborantenpools, aus dem die Laboranten den einzelnen Forschungsprojekten zugewiesen werden. Dabei wird die gegebenenfalls fehlende Qualifikation durch entsprechende Vorabschulungen sichergestellt. Neben der strukturellen Absicherung des Laborantenpools über eine Betriebsvereinbarung ist der Betriebsrat auch an der Auswahl geeigneter Laboranten beteiligt.

Auch wenn sich diese Beispiele auf Qualifizierungsprozesse im Produkt- und Marktinnovationsbereich beziehen – das Hauptaugenmerk der Betriebsräte liegt eher im Bereich der Absicherung von prozesstechnischen und arbeitsorganisatorischen Innovationen. Diese mitunter *„Kostenreduzierungsinnovationen"* genannten Rationalisierungsvorhaben sind häufig mit dem Wegfall von Arbeitsplätzen und darauf folgenden innerbetrieblichen Stellenwechseln verbunden. Hier gilt für viele Betriebsräte:

> „Versetzungen und Qualifizierungen muss man parallel laufen lassen. Wir haben immer wieder das Problem, dass wir Leute in bestimmten Bereichen nicht mehr beschäftigen können. Die müssen wir dann woanders umsetzen, und da muss man Qualifizierung tatsächlich ganz hoch ansetzen." (Betriebsrat von M-3)

Zentrales Arbeitsmittel der Betriebsräte in diesem Bereich sind häufig so genannte Qualifizierungsmatrizen, die von den Personalabteilungen geführt werden und in die die Betriebsräte Einsicht nehmen können. In Qualifizierungsmatrizen werden die arbeitsplatzbezogenen Anforderungen den individuellen Voraussetzungen der Stelleninhaber gegenübergestellt. Qualifizierungsmatrizen können in der Betriebsratsarbeit unterschiedlich verwendet werden, etwa als *Diagnoseinstrument:* Ergeben sich zwischen dem Anforderungsprofil eines Arbeitsplatzes und dem Qualifikationsprofil eines Mitarbeiters Differenzen, lässt sich der Qualifizierungsbedarf ableiten. Umgekehrt kann das Qualifikationsprofil eines Mitarbeiters herangezogen werden, um bei innerbetrieblichen Stellenumbesetzungen einen geeigneten Alternativarbeitsplatz zu suchen. Qualifizierungsmatrizen sind schließlich ein wichtiges Mittel der innerbetrieblichen Stellenbesetzung. Betriebsräte engagieren sich an unterschiedlichen Stellen bei der Pflege der Qualifikationsprofile: (1) sie kontrollieren das formelle Nachhalten von absolvierten Qualifizierungsmaßnahmen und (2) sie überwachen die kontinuierliche Schließung diagnostizierter Qualifikationslücken.

Indem Betriebsräte „die Umsetzung des Tarifvertrages in diesem Bereich der Qualifizierung kontrollieren“ (Betriebsrat von M-3), kommt ihnen eine wichtige Hilfsfunktion für die Belegschaftsmitglieder zu. Speziell im Maschinenbau hat sich Betriebsräten durch die Umsetzung des Entgelt-Rahmenabkommens (ERA-TV) von 2003 über die damit verbundenen detaillierten Stellen- und Tätigkeitsbeschreibungen ein weiteres Instrument zur Ermittlung von Qualifizierungsbedarfen im gewerblichen Bereich erschlossen.

Die kontinuierliche Qualifizierung unterstützt nicht nur die Umsetzung von Innovationsprojekten. Die Betriebsräte tragen durch ihr Engagement in diesen Bereichen dazu bei, Innovationswiderstände und Ängste der Betroffenen abzubauen und deren langfristige Beschäftigungsfähigkeit zu sichern. Betriebsräte haben in der Regel einen direkten Zugang zu den Mitarbeitern, häufig auch im Hinblick auf private Interessen. Dies kann helfen, schneller geeignete und motivierte Mitarbeiter für bestimmte Innovationsprojekte zu finden. Die Überschneidung mit privaten Interessen kann die Teilnahmemotivation erhöhen. Das alternative Wissen der Betriebsräte wird teilweise auch von Geschäftsleitungen bewusst angesteuert. In diesen Betrieben werden die Betriebsräte bereits frühzeitig bei der Planung von Qualifizierungsmaßnahmen beteiligt und können ihre Einschätzung einbringen, welche Mitarbeiter der Betriebsrat für die „Geeigneten hält“. Der Vorteil dieser Vorgehensweise zeigt sich dadurch, dass „es dann wesentlich friedlicher abläuft. Und das wird dann auch von der Geschäftsleitung wertgeschätzt ...“ (Betriebsrat von M-5)

5.3.1.2 Strategisch-strukturelles Betriebsratshandeln zur Stärkung von Innovationsfähigkeit

Voraussetzung für das erfolgreiche Hervorbringen innovativer Ideen und deren Umsetzung ist die quantitativ und qualitativ ausreichende betriebliche Ausstattung mit entsprechenden Fachkräften (vgl. Kriegesmann et al. 2008). Die langfristige Sicherung des betrieblichen Fachkräftereservoirs wird durch eine mittel- und langfristige Personalplanung erleichtert. Insbesondere in Unternehmen mit geringen Kapazitäten im Personalbereich sind es vielfach die Betriebsräte, die – basierend auf § 92 BetrVG – die Erstellung einer solchen Personalplanung fordern und damit vielfach den notwendigen Planungsprozess auf Managementseite erst initiieren.

Neben der projektbezogenen, individuell orientierten Qualifizierung bildet die Schaffung und Erhaltung innovationsförderlicher Qualifikationsstrukturen, die die langfristige Innovationsfähigkeit des Betriebes sichern sollen, ein weiteres Aktionsfeld für Betriebsräte.

Einen Schwerpunkt bilden dabei Maßnahmen im Ausbildungsbereich. Neben allgemeinen sozialpolitischen Zielen verfolgen Betriebsräte damit die Sicherung des zukünftigen Fachkräftebedarfs. Dies betrifft nicht nur die gewerbliche Ausbildung, sondern bezieht sich zunehmend auch auf hochqualifizierte Berufe, bei denen die Förderung Dualer oder Kooperativer Studienformen zunehmend an Bedeutung gewinnt. Daneben versuchen Betriebsräte eine frühzeitige Bindung von Studenten an die Betriebe zu erreichen, indem sie sich um den Ausbau von Praktikumsplätzen oder um Job-Angebote für Studenten kümmern. Auch hier gilt: Betriebsräte sind selten die Initiatoren solcher Qualifizierungsformen, aber sie beteiligen sich an der Ausgestaltung entsprechender Programme:

> „Wir haben bei der kooperativen Ausbildung vorgeschlagen, dass das Unternehmen den Studenten die 500 € Semestergebühren bezahlt und ihnen ein Angebot macht, in den Semesterferien hier als Zeichner zu arbeiten. Für das Unternehmen sind die 500 € ein Klacks, aber hinterher hat man Mitarbeiter, die hier schon gelernt haben, die die Abläufe kennen und noch zusätzliche Erfahrungen an der Uni gesammelt haben. Die können sie hinterher nahtlos integrieren. Wenn man das nicht macht, dann sind die hinterher weg und fangen nicht mehr bei uns an." (Betriebsratsvorsitzender von M-9)

Das Betriebsratsengagement im Bereich der gewerblichen Aus- und Fortbildung zeigte sich in den Fallstudien in verschiedenen Facetten: Betriebsräte kümmern sich um den Erhalt oder den Ausbau eigener betrieblicher Ausbildungsabteilungen, sei es, dass die Zahl der Ausbildungsplätze erhöht wird, sei es, dass die zwischenzeitlich in andere Unternehmen ausgelagerten Ausbildungsplätze in die Betriebe zurückgeholt werden oder umgekehrt die eigene Ausbildungsabteilung als Ausbildungs-Dienstleister für andere Unternehmen positioniert werden soll.

Auch wenn Betriebsräte keine Entscheidungskompetenz besitzen, können sie den Impuls zum Ausbau der betrieblichen Ausbildungskapazitäten und wichtige Hinweise für die Umsetzung geben. Betriebsräte in kooperationsorientierten Betrieben werden an den entsprechenden Planungen beteiligt und können eigene Vorschläge für die zieladäquate Flächennutzung einbringen.

Im Einzelfall benutzen sie dann auch (direkte informelle) Kontakte zu den Eigentümern, um die ausbildungsoptimale Lösung zu erreichen. Sofern Betriebsräte über diese Kontakte verfügen, haben sie damit besonders in Familienunternehmen eine zusätzliche Möglichkeit, ihre Interessen durchzusetzen – mitunter auch an der Geschäftsführung vorbei. Das folgende Beispiel verdeutlicht, wie – unter besonderen, für Interessenvertreter günstigen strukturellen Rahmenbedingungen – die Grenze von „ambitionierter" zu „machtvoller Mitgestaltung" (siehe oben) durch strategisches Verhalten zu überwinden ist:

> „Wir wollten, dass die Ausbildung neu gebaut wird, aber wenn man bei der Geschäftsführung nicht weiterkommt oder die sich nicht trauen, dann darf man keine Scheu haben, entweder als Gremium, als Betriebsrat oder als Einzelfunktion zu sagen: Okay, versuchen wir das mit dem Besitzer selbst zu klären. Wir glauben nicht immer alles. Wenn der Geschäftsführer uns sagt, der Besitzer will das nicht, wer hindert uns denn daran, selbst zu fragen?" (Betriebsrat von M-10)

Im Sinne eines konstruktiven Kooperationsklimas mag die geschilderte Strategie eine Ausnahme bilden; die bloße Möglichkeit dürfte den Betriebsräten jedoch schon einen Argumentationsvorteil verschaffen. – Betriebsräte befassen sich jedoch nicht nur mit der Schaffung ausbildungsgerechter Rahmenbedingungen, sondern bringen sich teilweise auch in die Festlegung der Ausbildungsinhalte ein:

Im Maschinenbauunternehmen M-10 wurden in Abstimmung mit dem Betriebsrat Sprachkurse (Englisch als Pflichtfach, darüber hinaus besteht die Möglichkeit zu weiteren Sprachkursen im Rahmen der unternehmensinternen Fortbildungsakademie) in das Ausbildungs-Curriculum aufgenommen. Ziel dieser Erweiterung war es, die Einsatzflexibilität auch der gewerblichen Mitarbeiter innerhalb des weltweit tätigen Unternehmens zu erhöhen.

> „Es gibt ja viele, die Sprachen in der Schule nie interessiert haben und die deshalb bisher nicht ins Ausland konnten, auch wenn sie das vielleicht wollten. Für die müssen wir das hier halt nachholen." (Betriebsrat von M-10)

Ein wichtiger Umsatzträger im IT-Unternehmen I-5 ist eine heute nur noch für spezielle Anwendungen genutzte Informationstechnologie. Bei den Auszubildenden ist deshalb häufig weder das Interesse noch das Vorwissen über diese Technologie vorhanden. Da das Wissen vornehmlich an die älteren Belegschaftsmitglieder gebunden ist, gefährdet dies die langfristige Unternehmensentwicklung. Auf Initiative des Betriebsrats wurde hier der innerbetriebliche Ausbildungsverlauf neu strukturiert. Innerhalb der Ausbildung erfolgt nun eine betriebsspezifische Akzentuierung dieser Kerntechnologie.

Neben der Begleitung des Ausbildungsverlaufs engagieren sich Betriebsräte für die zumindest zeitlich befristete Weiterbeschäftigung der Absolventen in den Unternehmen nach Ausbildungsende. Während zu Beginn der Fallstudien mit den Erfahrungen der vorausgegangenen Jahre eher eine Ausweitung der Ausbildungskapazitäten in den Fallstudienbetrieben zu beobachten war, gewann dieser Aspekt in Krisenzeiten an Bedeutung. Betriebsräte beteiligen sich hier mit eigenen Vorschlägen zu einer krisengerechten Arbeitsvertrags- und Befristungsgestaltung, die den möglichst langen Verbleib der Absolventen in den Unternehmen gewährleisten soll.

Insgesamt zeigt sich: Betriebsräte engagieren sich auf allen Stufen der Ausbildung – von der Schaffung der Ausbildungskapazitäten über die Mitgestaltung der Ausbildungsinhalte bis hin zur Verwendung der Absolventen. Auch wenn das Betriebsratsengagement die Schaffung von Ausbildungsmöglichkeiten im akademischen Bereich umfasst, liegt der Schwerpunkt in den Fallstudienbetrieben deutlich im gewerblichen Bereich. Es endet nicht bei der Erstausbildung, sondern erfasst ebenso die Entwicklung und Anpassung der betrieblichen Fort- und Weiterbildungsstrukturen. Dabei geht es sowohl um die Gestaltung und Festlegung von Weiterbildungskatalogen als auch um die berufliche Neuorientierung von Beschäftigten.

Die technologische Entwicklung hat in vielen Bereichen dazu geführt, dass tradierte Berufsbilder und Berufsausbildungen heute nicht mehr benötigt werden und sich die verwendeten Arbeitsmittel und Arbeitsaufgaben grundlegend verändert haben. Betriebsräte beteiligen sich hier an der Lösungssuche für die betroffenen Mitarbeiter, um diesen über den Zugang zu neuen Technologien die Weiterbeschäftigung zu ermöglichen und gleichzeitig die Zukunftsfähigkeit der Betriebe abzusichern. Basierend auf mittelfristigen Personalplanungen und mit Rückgriff auf Qualifizierungsmatrizen bzw. Stellenbeschreibungen versuchen progressive Betriebsräte, den qualitativen und quantitativen Fachkräftebedarf der Zukunft abzuschätzen. Darauf aufbauend werden vorlaufende Personalentwicklungsmaßnahmen gefordert und teilweise gemeinsam mit dem Management entwickelt und umgesetzt.

Im Maschinenbauunternehmen M-11 hat die Einführung der CAD-Technologie zu einem langfristigen Rückgang des Bedarfs an Technischen Zeichnern geführt. Zukünftig braucht das Unternehmen stattdessen Techniker, die neben der Zeichnungserstellung mit CAD-Programmen auch eigenständig Berechnungen durchführen können. Der Betriebsrat und die Unternehmensleitung haben deshalb vereinbart, dass interessierte Technische Zeichner zu Technikern fortgebildet werden. Das Unternehmen trägt dabei die Ausbildungskosten und stellt den Mitarbeitern zudem ein bestimmtes Stundenkontingent zur Verfügung. Ziel dieser Bildungsinitiative ist neben der Beschäftigungssicherung für die betroffenen Mitarbeiter auch die Sicherung der Fachkräfteressourcen in diesem Bereich. Gegenüber extern rekrutierten Technikern weisen die derart fortgebildeten Mitarbeiter nach Ansicht der Betriebsräte den Vorteil auf, über langjährige Betriebskenntnisse zu verfügen, wodurch sie nahezu ohne Anlernzeiten in die Arbeitsprozesse integriert werden können.

Zusätzlich zu den individuell orientierten, projektbezogenen Qualifizierungsmaßnahmen gibt es in zahlreichen Unternehmen davon losgelöste generelle Weiterbildungskataloge, die ein großes Spektrum nicht-aufgabengebundener Weiterbildungsangebote umfassen. Ziel dieser Programme mit Incentive-Charakter ist die Erhöhung der Mitarbeiterloyalität und die Verbreiterung der unternehmerischen Wissensbasis. Während diese Weiterbildungsangebote in größeren Unternehmen zum Standard der Personalarbeit gehören, werden sie in kleineren Unternehmen lediglich dort angeboten, wo die Mitarbeiterorientierung als strategischer Grundpfeiler ausdrücklich hervorgehoben und auch gelebt wird. Die Abwicklung der Programme erfolgt im Wesentlichen über externe Bildungseinrichtungen, lediglich für größere Unternehmen lohnt sich der Aufwand firmeneigener Akademien.

Die Mitarbeit vieler Betriebsräte reicht hier vielfach weit über eine rein formale Beteiligung hinaus:

- Betriebsräte lassen sich nicht nur das Jahresprogramm erläutern und die genauen Inhalte darlegen, sondern machen ihre Zustimmung zu einzelnen Seminaren auch von einem erfolgreichen Vorab-Selbstversuch abhängig.
- Betriebsräte werden von den Personalverantwortlichen ausdrücklich aufgefordert, eigene Ideen für Seminarangebote einzubringen. Es ist kein Sonderfall, wenn der Betriebsrat im IT-Unternehmen I-4 feststellt:

  > „Da hieß es nicht: Nein, das entwickelt die Personalabteilung und wenn das fertig ist, dann verhandeln wir auf dieser Basis. Die haben gesagt, wenn ihr Ideen und Vorstellungen habt, macht ein Konzept, dann reden wir darüber."

- Einen Sonderfall bildet hingegen der Betriebsrat des Maschinenbauunternehmens M-4, wo die Abwicklung und Betreuung des firmeneigenen Weiterbildungsprogramms in der Hand des einzigen freigestellten Betriebsratsmitglieds liegt. Dieses Programm umfasst nicht nur Weiterbildungsangebote, sondern wurde zu einem umfassenden Personalbetreuungsprogramm erweitert. Neben Sprach- und Computerkurs-Angeboten sind darin auch Rechts- und Steuerberatungsangebote oder Sportkurse enthalten.

Obwohl derartige „Weiterbildungskataloge" für die Mitarbeiter wünschenswerte und das Tagesgeschäft unterstützende Angebote enthalten, werden sie nur selten genutzt, um den Belegschaften Hilfestellung bei der Orientierung zur Entwicklung neuer Innovationsideen zu vermitteln. Auch bei den von den Betriebsräten ausgehenden Impulsen geht es beispielsweise um zusätzliche Sprachkurse; Angebote, die sich mit zukünftigen technologischen Entwicklungen mit Unternehmensrelevanz beschäftigen, sind Ausnahmen. Eine derartig vorausschauende Qualifizierung findet auch im Betriebsratsengagement kaum Widerhall. Stattdessen wird von den Betriebsräten vielfach bestritten, dass dies überhaupt möglich und sinnvoll sei:

> „Wer das macht, handelt nicht betriebswirtschaftlich. In drei Jahren wissen Sie nicht mehr, ob die Technologie in dieser Form überhaupt noch relevant ist. Das heißt, was Sie jetzt lernen und nicht direkt anwenden, gerade in unserem Job, ist in drei Jahren weg. Das Geld haben Sie aus dem Fenster geschmissen. Also, das wäre wirklich Blödsinn ..."

Diese Meinung des Betriebsrats von I-2 bildet keine Einzelmeinung. Derartige Maßnahmen bleiben allenfalls der individuellen Aushandlung zwischen dem interessierten Mitarbeiter und seinem Funktionalvorgesetzten überlassen, eine systematische Förderung findet nicht statt. Auch wenn die Einwände (mangelnde Prognostizierbarkeit, keine unmittelbare Anwendung im Unternehmen, Überlastung im Tagesgeschäft) gewichtig sind und vielfach keine direkten Innovationsideen aus solchen Maßnahmen erwachsen, verzichten Unternehmen damit auf potenzielle Innovationsimpulse.

Parallel zur Fortentwicklung der betrieblichen Wissensbasis gewinnt ihre Erhaltung zunehmend an Bedeutung. Der Rückgriff auf die im Unternehmen vorhandenen Wissensbestände und Erfahrungen erleichtert die Umsetzung von Innovationsideen und hilft dabei, Irrtümer und Fehler der Vergangenheit zu vermeiden (Stichwort „organisationales Gedächtnis"). Dabei geht es nicht nur um technische Fertigkeiten, sondern auch um das Wissen um informelle Arbeitsstrukturen oder die Kontaktpflege zu potenziellen Anwendern. Durch die rechtzeitige Analyse der Altersstruktur und der sich daraus ergebenden Ersatzbedarfe leisten Betriebsräte einen Beitrag zur rechtzeitigen Einführung von Tandem- oder Mentoren-Modellen, die eine Weitergabe des betrieblichen Erfahrungswissens unterstützen. Wenn in zahlreichen Betrieben derartige Modelle nicht durchgeführt werden, sind es weniger die Strukturanalysen der Betriebsräte, die angezweifelt werden, sondern ablehnende Haltungen von Personalverantwortlichen beruhen schlichtweg auf den damit verbundenen Kosten einer vorübergehenden Doppelbelegung von Arbeitsstellen. Dieser für viele Betriebe relevante sensible Punkt ist mit einem Interview zu illustrieren:

> „Solche Mentoren-Programme werden hier immer vernachlässigt, weil zwei Leute auf einer Kostenstelle angeblich zu teuer sind. Das wird sogar im Außendienst vernachlässigt. Wir hatten einen Kollegen, der hatte hervorragende Drähte zu einem großen Kunden. Jeder wusste, der geht in absehbarer Zeit in die Freistellungsphase, aber es war denen zu teuer, da noch einen hinzusetzen, der den ein

halbes Jahr begleitet hätte. Aber was wir an Umsatz verloren haben, weil die Kontakte weg waren oder erst wieder aufgebaut werden mussten, das sagen sie nicht." (Betriebsrat von M-12)

Selbst wenn man die direkten Umsatzwirkungen vernachlässigt, gewinnt die Beziehung zu wichtigen Kunden im Rahmen von Diskussionen über die Öffnung von Innovationsprozessen gegenüber externen Kunden und Anwendern unter dem Stichwort „Open Innovation" eine zusätzliche Bedeutung. Sollte diese Kundenbeziehung aus kurzfristigen Kostenüberlegungen beeinträchtigt werden, kann dies langfristig negative Folgen für die betriebliche Innovationsfähigkeit haben. Als Gegenbeispiel das Maschinenbauunternehmen M-7:

> „Vor fünf oder sechs Jahren hat der Konstruktionsleiter festgestellt: Meine Konstrukteure werden zu alt, ich muss was machen. Und dann hat er angefangen, die Konstruktion aufzustocken. Das heißt, alter Konstrukteur lernt neuen Konstrukteur ein. Je nachdem dauert das zweieinhalb bis drei Jahre, aber mit den neuen Leuten kamen gleichzeitig auch neue, andere Ideen." (Betriebsrat von M-7)

Auch wenn hier der Betriebsrat nicht die treibende Kraft war, hat der Betriebsratsvorsitzende diese Programme durch entsprechende Vermittlungsgespräche im Betriebsratsgremium unterstützt und abgesichert.

Während das Engagement der Betriebsräte bei der Aus- und Weiterbildung oder im Rahmen der innerbetrieblichen Wissenssicherung nur in Ausnahmefällen die Ideengenerierung als Grundlage von Innovationsprozessen ansteuert, sondern eher der Umsetzungskompetenz dient, versuchen einige Betriebsräte auch direkt Impulse für die Ideengenerierung zu geben. Dies geschieht dann, wenn sich Betriebsräte dafür einsetzen, dass die Teilnahme von Mitarbeitern an Fachinformationsveranstaltungen (Messen, Kongresse, etc.) auch über den Kreis der Mitarbeiter in Forschung und Entwicklung oder Vertrieb hinaus geöffnet wird. Derartige Angebote stellen den Versuch dar, breiten Belegschaftsschichten Anregungen für Verbesserungen und Veränderungen der eigenen Produkte zu eröffnen. Allerdings sind derartige Impulse aus einzelnen Fallstudienbetrieben eher als „Gute Praxis in Ausnahmefällen" und noch nicht als konsistente Betriebsratspolitik zu interpretieren.

5.3.1.3 Förderung von Innovationsfähigkeit: Spannungsfelder

Innovationsorientiertes Betriebsratshandeln muss sich mit unterschiedlichen Spannungsfeldern auseinandersetzen. Die Konfliktlinien verlaufen dabei nicht nur zwischen Betriebsräten und Geschäftsführung, sondern ebenso zwischen Betriebsräten und den vertretenen Belegschaften. Zusätzlich ist zu beachten: Betriebsräte sind Gremien aus individuellen Mitgliedern mit unterschiedlichen Interessen, innovationsorientiertes Betriebsratshandeln ist deshalb vielfach innerhalb der Gremien selbst umstritten. Gleichwohl besteht das größte Konfliktpotenzial in der Kooperation mit der Geschäftsführung.

Abb. 15: Förderung von Innovationsfähigkeit: Spannungsfelder

Fähigkeiten der Belegschaft	**Spannungsfelder zum Management:** • Intransparente Auswahlverfahren und zu enge Begrenzung des Teilnehmerkreises • Fehlende Individualisierung von Qualifizierungsmaßnahmen und Nicht-Berücksichtigung der besonderen Lernsituation älterer Mitarbeiter • Fehlende Professionalität der Personalarbeit (z.B. fehlende Berücksichtigung des Qualifizierungsbedarfs bei Innovationsvorhaben) **Spannungsfelder zur Belegschaft:** • Mangelndes Verständnis für die Notwendigkeit von Innovationen und den damit verbundenen Qualifizierungsbedarf • Fehlende Lernbereitschaft (insbesondere bei Älteren) **Spannungsfelder betriebsratsintern:** • Fehlendes Wissen zur Beurteilung des Qualifizierungsbedarfs bei radikalen Innovationsprojekten

Im Zusammenhang mit den innovationsorientierten Fähigkeiten der Belegschaft wurden insbesondere diese Spannungsfelder im Rahmen der Betriebsfallstudien deutlich:

Intransparente Auswahlverfahren führen zu unterschiedlichen Bewertungen hinsichtlich des Teilnehmerkreises an Qualifizierungsmaßnahmen. Ursächlich sind mangelndes Wissen über die tatsächlichen Aufgabeninhalte einzelner Beschäftigter oder subjektive Verzerrungen durch die Auswahlentscheidungen treffenden Vorgesetzten. Betriebsräte werden hier sowohl als individuelle Vertretung für einzelne Belegschaftsmitglieder als auch als Gestalter der Auswahlverfahren selbst tätig. Hinsichtlich der individuellen tätigkeitsgebundenen Qualifizierungsmaßnahmen verfügen viele Betriebsräte über ein routinisiertes Vorgehen, d.h. das Betriebsratsengagement beruht häufig auf der Mitwirkung in Auswahlgremien bzw. auf der Tätigkeit der Betriebsräte in Betriebs- und Wirtschaftsausschüssen und nur in Ausnahmefällen auf direkten Beschwerden durch – aus ihrer Sicht fälschlicherweise – nicht berücksichtigte Arbeitnehmer. In diesen Gremien werden das geplante Innovationsprojekt und die sich daraus ergebenden personellen Konsequenzen vorgestellt. Darauf aufbauend kann dann der sachliche und personelle Qualifizierungsbedarf ermittelt werden. Dabei steht weniger das Auswahlverfahren als solches im Vordergrund als vielmehr die korrekte Anwendung des Verfahrens und seine Ergebnisse.

Vereinzelt lässt sich jedoch auch eine Einflussnahme der Betriebsräte auf die Gestaltung der Auswahlverfahren selbst feststellen: Als Reaktion auf Alterungsprobleme im Führungsbereich entschloss man sich beispielsweise beim Chemieunternehmen C-2, ein Führungskräftenachwuchs-Programm aufzulegen. Entscheidendes Auswahlkriterium war die Teilnahme an einem Führungs-Assessment-Center. Während die Geschäftsführung die Identifizierung geeigneter Teilnehmer zunächst den Vorgesetzten überlassen wollte, wurde das Auswahlverfahren auf Initiative des Betriebsrats für alle Interessierten geöffnet. Statt von den Vorgesetzten delegiert zu werden, konnten sich die Interessierten für das Assessment-Center selbst bewerben; ein Vorschlag, der in der Nachschau auch die Anerkennung der Geschäftsführung fand:

> „Der Betriebsrat hat vorgeschlagen, dass wir eine öffentliche Ausschreibung machen und sich die Leute selbst bewerben können. Das haben wir dann positiv aufgenommen und es war auch eine gute Idee – im Nachhinein. Es hat geholfen, den subjektiven Faktor bei den Vorgesetzten, die die Kandidaten ursprünglich vorschlagen sollten, herauszunehmen. Einige der Kandidaten, die wir also nicht auf dem Schirm hatten und die sich selbst beworben hatten, waren dann am Ende unter den Besten."

Als weiteres Spannungsfeld in diesem Bereich kam zum Ausdruck, dass bei Qualifizierungsmaßnahmen die *unterschiedlichen personellen Voraussetzungen der Teilnehmer* den Lernerfolg behindern. Die Einführung numerisch gesteuerter Produktionsverfahren im Maschinenbau bzw. neuer Software-Lösungen in den Verwaltungsbereichen aller drei Fallstudien-Branchen führt insbesondere bei älteren Mitarbeitern zu Anpassungsproblemen. Im Fall der Neuinstallation von Maschinen oder Anlagen können sie häufig nur auf das anlagenspezifische Wissen über die Vorgänger-Anlage, das in der Regel über spezifische Einarbeitungsveranstaltungen der Hersteller vermittelt wurde, zurückgreifen. Dieses reicht aber nicht aus, um neue Prozesstechnologien hinreichend schnell aufzunehmen. Analoges gilt für die Neueinführung von Software-Programmen im Verwaltungsbereich. Der Wechsel von Software-Lieferanten, aber auch neue Programm-Features verlangen eine Umgewöhnung von den Sachbearbeitern, die wiederum gerade bei älteren Mitarbeitern zumindest temporäre Widerstände hervorrufen kann. Diese können mit Hilfe erweiterter Qualifizierungsmaßnahmen abgebaut werden. Betriebsräte treten in derartigen Situationen als Vermittler zwischen dem Management und den Betroffenen auf, die einerseits die Qualifizierungsnotwendigkeit verdeutlichen, andererseits aber auch Sanktionsmaßnahmen wegen möglicher Minderleistungen verhindern und stattdessen auf eine individuell konzipierte zusätzliche Qualifizierungsmaßnahme drängen.

Anlässlich der Einführung von SAP-Modulen wurden die Mitarbeiter in der Vertriebsgesellschaft von C-1 auf das neue Programm geschult. Trotz umfangreicher und aufwendiger Schulungsmaßnahmen waren die Lernerfolge und darauf aufbauend die beruflichen Leistungsergebnisse zum Teil nicht zufriedenstellend. Insbesondere Mitarbeiter mit langjähriger Erfahrung in den Vorgänger-Systemen hatten anfangs starke Leistungsschwankungen, die erst durch intensive Nachschulungen behoben werden konnten; exemplarisch dazu:

> „Es gab hier eine Mitarbeiterin, die nennen wir ‚Queen der Ersatzteile', die wusste jedes Ersatzteil in dem alten System. Aber nach so langer Zeit hatte sie unglaubliche Schwierigkeiten mit dem neuen System. Ihre Arbeitsleistung wurde immer schlechter und sie fühlte sich immer unwohler. Es kam dann zu einem Ermahnungsgespräch, in dem wir einen Plan entworfen haben, dass sie noch mal eine Schulung bekommt, dass sie sagt, wo sie denn eigentlich Probleme hat. ... Hinterher stellte sich heraus, dass es eigentlich nur um Kleinigkeiten ging." (Betriebsrat von C-1)

Das Beispiel unterstreicht: Die Lernprobleme älterer Mitarbeiter sind mitnichten unüberwindlich, vielmehr kommt es darauf an, Qualifizierungsmaßnahmen zu individualisieren und die jeweiligen personellen Lernvoraussetzungen angemessen zu berücksichtigen. In verschiedenen Fallstudien-Betrieben wurde dabei deutlich, dass Betriebsräte hier eine große Sensibilität entwickeln und auf ihr spezifisches Mitarbeiterwissen zurückgreifen müssen. Da die Betroffenen mitunter Vermeidungsstrategien anwenden und nicht auf die eigenen Schwierigkeiten aufmerksam machen, sind die Betriebsräte gefordert, selbstständig aktiv zu werden und auf die Betroffenen zuzugehen. Auch wenn sich zusätzliche Qualifikationsbedarfe vielfach nicht vorab einschätzen lassen, können Betriebsräte ihre Mitbestimmungsmöglichkeiten und die Kontakte zur Belegschaft nutzen, um den Qualifizierungserfolg begleitend zu analysieren. Wird hier rechtzeitig ein Anpassungsbedarf erkannt, können schneller geeignete Maßnahmen initiiert werden.

Losgelöst von den bisher aufgezeigten, auf konkrete Veränderungsprojekte bezogenen Spannungsfeldern, gibt es immer wieder auch *Konflikte hinsichtlich der strukturellen Ausgestaltung der Personalarbeit* in den Betrieben. Gestaltungswillige Betriebsräte brauchen entscheidungsfähige Ansprechpartner in den zugeordneten Personalabteilungen. Fehlen diese, läuft das Engagement der Betriebsräte schnell ins Leere. Die Ausrichtung von Personalkonzepten auf bestimmte Kennzahlen verschärft das Problem. Mit der operativen Personalarbeit ausgelastet, fehlen den Personalabteilungen die notwendigen Ressourcen, um sich über längerfristige Qualifikations- und Personalentwicklungsfragen zu kümmern.

An den folgenden drei Beispielen aus verschiedenen Branchen ist zu zeigen: Begrenzte Kapazitäten der Personalabteilungen und fehlende Professionalität in der Personalarbeit sind kein branchentypisches Phänomen:

Maschinenbau

> „Wir haben schon mehrmals Anläufe unternommen, um eine Personalplanung und Personalentwicklung hier systematisiert einzuführen. Die Personalabteilung ist dazu nicht in der Lage. Die ist im Rahmen des Sanierungstarifvertrags damals eigentlich zertrümmert worden. Wir haben keinen Personalreferenten, der sich um solche Dinge kümmert. Das macht die Arbeit für uns natürlich unendlich schwer." (Betriebsrat von M-9)

Chemie

> „Der Arbeitgeber stellt sich da selbst ein Bein. Er begreift nicht, dass man manche Dinge nicht von Personalzahlen abhängig machen kann. Ich habe dem Personalchef irgendwann mal verklickert, dass das genau der verkehrte Weg ist. Er hat zwar eine Betreuungsquote, die ist beispiellos im Konzern. Damit kann er die Standardtätigkeiten sehr gut abhandeln, aber das sind nicht die einzigen Aufgaben der Personalabteilung. Aus meiner Sicht muss die Personalabteilung hier einen Service anbieten." (Betriebsrat von C-4)

IT-Industrie

> „Zurzeit kann die Personalabteilung die Personalentwicklung rein ressourcentechnisch nicht so leisten, wie wir das gerne hätten. Und auch nicht so, wie sie das gerne hätten. Die haben ja auch einen gewissen Anspruch, aber wenn sie nicht die Leute haben, ist das dann auch immer frustrierend." (Betriebsrat I-5)

Innovationsorientierte Mitbestimmung bedeutet im Bereich der Förderung der innovativen Fähigkeiten eine ausreichende Qualifizierung, die Sicherung der betrieblichen Wissensbasis über geeignete Transfermodelle bis hin zur Vermittlung von Impulsen zur Ideengenerierung – das sind „Tools" der Personalarbeit, die begleitet werden müssen. Dafür bedarf es aber auch der entsprechenden Freiräume für die Personalabteilungen. Da es sich bei der Personalausstattung um unternehmerische Entscheidungen handelt, haben Betriebsräte hier nur eingeschränkte Mitbestimmungsmöglichkeiten. Diese liegen auch weniger im Bereich der betrieblichen Mitbestimmung über den Wirtschaftsausschuss als vielmehr im Bereich der Unternehmensmitbestimmung über die Aufsichtsräte. Solange Personalabteilungen ausschließlich als Kostenfaktoren wahrgenommen werden, fehlt Betriebsräten eine Kooperationsgrundlage für eine weitergehende innovationsorientierte Zusammenarbeit. Den Kosten der Personalarbeit stehen eben nur selten direkte Nutzeneffekte gegenüber. Innovationsorientierte Personalarbeit kann letztlich aber nur wirksam werden, wenn den Mitarbeitern auch die notwendigen Ressourcen und Freiräume zugestanden werden. Betriebsräte können dann zwar „ambitionierte" Vorschläge machen (in dem oben bezeichneten Sinne; vgl. Kap. 3) und Forderungen aufstellen – deren Wirksamkeit wird aber letztlich vom Kooperationswillen des Managements bestimmt.

Während die Spannungsfelder zwischen Betriebsräten und Geschäftsführung hinsichtlich geplanter Qualifizierungsmaßnahmen weniger in ihrer prinzipiellen Notwendigkeit als vielmehr in ihrer Art und Umfang liegen, müssen Betriebsräte gegenüber der Belegschaft häufig bereits die generelle Notwendigkeit von Qualifizierungsmaßnahmen erklären und vertreten. Anders als manchen Belegschaftsmitgliedern ist den Betriebsräten vielfach der Zusammenhang zwischen modernen Prozesstechnologien, entsprechend qualifizierten Mitarbeitern und der sich daraus ergebenden Notwendigkeit zu fortlaufendem Lernen bewusst. Betriebsräte haben hier häufig die gleichen Ziele wie die Unternehmensleitung, auch sie wollen „hochmoderne Maschinen mit hochqualifizierten Leuten und einer vernünftigen Organisation der Arbeit – was immer auch dazu gehört." (Betriebsrat von M-3). Insbesondere in alternden Belegschaften führt dies zu Konflikten mit der Belegschaft, deren Beharrungswillen und mangelnde Lernmotivation in Kontrast zu den von den Betriebsräten anerkannten Innovationsnotwendigkeiten steht. Hier ist es häufig die Aufgabe von Betriebsräten, die Qualifizierungsnotwendigkeit gegenüber den Belegschaftsmitgliedern in Einzelgesprächen zu verdeutlichen – häufig verbunden mit dem Hinweis, dass andernfalls die weitere Beschäftigung angesichts des wegfallenden Arbeitsplatzes und fehlender alternativer innerbetrieblicher Möglichkeiten nicht gesichert ist. Das folgende Zitat unterstreicht diese Problematik:

> „Wir haben manchmal Probleme mit etwas älteren Kollegen, die sagen, ich bin jetzt 50 und ich will das nicht mehr. Wir versuchen den Leuten schon beizubringen, dass lebenslanges Lernen auch bei uns gilt. Man kann sich nicht darauf verlassen, dass man einen Arbeitsplatz findet, wo man sich nicht weiterqualifizieren muss. Das ist auch nicht im Sinne des Betriebsrats." (Betriebsrat von M-3)

Die Mitwirkung der Betriebsräte bei Maßnahmen zur Sicherung der betrieblichen Innovationsfähigkeit führt sie vielfach in eine doppelte Vermittlerrolle: Einerseits als Vermittler von Belegschaftsinteressen zur Unternehmensleitung, umgekehrt aber auch als Vermittler von Entscheidungen der Geschäftsführung gegenüber der Belegschaft. Beim Versuch, zwischen den jeweils berechtigten Anliegen zu vermitteln, sitzen Betriebsräte dann schnell „zwischen allen Stühlen", da ihnen von beiden Seiten eine einseitige Parteinahme und die Vernachlässigung der jeweiligen Interessen vorgeworfen werden.

5.3.2 Ansatzpunkt „Förderung der Motivation zur Innovation"

Die Erfüllung qualifikatorischer Voraussetzungen und die kontinuierliche Förderung der betrieblichen Wissensbasis machen noch nicht innovationskompetent; hierzu bedarf es auch der Bereitschaft, neue Ideen zu entwickeln und umzusetzen. Unternehmen versuchen deshalb durch unterschiedliche Maßnahmen die Motivation der Beschäftigten zu Innovationen zu fördern (vgl. Kriegesmann 2001). Dass auch die Betriebsräte in einer Motivations- und Vermittlungsfunktion einen wesentlichen eigenen Innovationsbeitrag sehen, kommt zum Ausdruck, wenn in der Nacherhebung bei den Fallstudien-Betriebsräten die Aussage „Der Betriebsrat wirbt bei der Belegschaft um Akzeptanz für technische oder organisatorische Veränderungen" mit 78,9% den dritthöchsten Zuspruch erhält.

In vielen Unternehmen kommt dem Betrieblichen Vorschlagswesen (BVW) oder Ideenmanagement eine zentrale Bedeutung für die Initiierung von Innovationsprozessen sowie das Entwickeln und Einbringen von Ideen zu (vgl. Kerka 2011). Innovationsorientierte Anreizstrukturen reichen dabei weit über monetäre Belohnungssysteme hinaus und umfassen Führungsstrukturen und Führungsinstrumente bis hin zur innerbetrieblichen Kommunikationspolitik, welche die Transparenz unternehmerischer Entscheidungen erhöhen und damit letztlich auch die Veränderungsbereitschaft positiv beeinflussen kann.

Betriebsräte sind bei der Anreizgestaltung an vielen Stellen beteiligt. Betriebsverfassungsrechtlich gesicherte Mitbestimmungsrechte besitzen Betriebsräte etwa bei der Aufstellung von „Grundsätzen über das betriebliche Vorschlagswesen" (§ 87 Absatz 1 Nr. 12 BetrVG) und bei der Aufstellung von Beurteilungsgrundsätzen (§ 94 Abs. 2 BetrVG). Für das Betriebliche Vorschlagswesen bedeutet dies, dass beispielsweise Prüfungsausschüsse paritätisch besetzt sein müssen, auch wenn Betriebsräte nicht über die Annahme oder Ablehnung von Vorschlägen mitentscheiden dürfen (vgl. Däubler et al. 2006, S. 1293 Rn. 297; vgl. Richardi 2006, S. 1391 Rn. 935).

Das Betriebliche Vorschlagswesen hat in vielen Betrieben für die Anreizgestaltung in Innovationsprozessen eine hohe Bedeutung – trotz unterschiedlicher Auffassungen in der Literatur (vgl. Kerka et al. 2008; Klotz 2005). Im Rahmen der WSI-Betriebsrätebefragung 2008/2009 gaben von 1.700 befragten Betriebsräten 52,1% an, dass in ihrem Unternehmen ein BVW existiert, „um die Ideen der Mitarbeiter systematisch zu erfassen" (Wortlaut des Items). Bereinigt man zur besseren Vergleichbarkeit von Fallstudiensample und Breitenerhebung die Gesamtzahl der 1.700 Betriebsräte um diejenigen Unternehmen mit weniger als 100 Beschäftigten, dann ergeben sich deutlich erhöhte Werte: 62,8% der mittleren und Großbetriebe haben ein BVW, lediglich 37,2% verfügen nicht über eine solche Institution. Diese Werte finden sich auch im Fallstudien-Sample wieder: Von den 26 Unternehmen hatten nur fünf Betriebe kein BVW, während in den übrigen Unternehmen ein solches System installiert war. Eine Sortierung hinsichtlich der unterschiedlichen Branchen führt zu analogen Ergebnissen.

Die bloße Existenz eines Betrieblichen Vorschlagswesens sagt allerdings weder etwas über die Einbindung der Betriebsräte noch über den Erfolg des Systems aus. Operationalisiert wird die Effizienz eines BVW häufig als die Zahl oder Quote der umgesetzten Ideen. Tatsächlich wirken 83,5% der Betriebsräte aus Betrieben mit einem BVW auch in diesem mit, lediglich 16,5% der Betriebsräte sind davon ausgeschlossen. In den Fallstudien steigt der Beteiligungswert sogar auf 86,9%. In den innovations- und kooperationsorientierten Unternehmen des Fallstudiensamples konnten wir feststellen, dass die Betriebsräte auch in den entsprechenden Bewertungsgremien vertreten waren.

Die *innovationsorientierte Anreizgestaltung* erschöpft sich jedoch nicht in der finanziellen Prämierung von Mitarbeiterideen, sondern kann weitere Facetten umfassen, die in der folgenden Übersicht enthalten sind. Neben dem Betriebsratshandeln im Rahmen der unternehmerischen Anreizgestaltung besitzen Betriebsräte weitere formelle und informelle Möglichkeiten, die Innovationsmotivation der Belegschaften zu beeinflussen:

Abb. 16: Betriebsratshandeln zur Förderung von Innovationsbereitschaft

	projektbezogen	strategisch/strukturell
Fähigkeiten der Belegschaft		
Motivation der Belegschaft	• Individuelle Gespräche und Betriebsversammlungen • Mitwirkung im BVW	• Verbesserung des BVW • Gestaltung innovationsorientierter Entgeltkomponenten • Gestaltung innovationsorientierter Mitarbeiterbeurteilungen
Organisatorische Rahmenbedingungen		

Mit Bezug auf Eindrücke und Beispiele aus den Fallstudienreihen werden im Anschluss „projektorientierte" und danach „strategisch-strukturelle" Ansatzpunkte für Betriebsräte zur Förderung von Motivation zur Innovation diskutiert.

5.3.2.1 Projektbezogenes Betriebsratshandeln zur Förderung der Motivation zur Innovation

Ein großer Teil des Engagements von Betriebsräten vollzieht sich als Gremienhandeln, wobei Betriebsräte als Repräsentanten der Belegschaft gegenüber der Arbeitgeberseite auftreten. Sie verhandeln für die Belegschaft, aber nicht mit der Belegschaft. Insbesondere in der projektbezogenen Förderung der Innovationsmotivation treten Betriebsräte jedoch in direkte Interaktion mit der Belegschaft. Sie sehen hier einen Schwerpunkt ihres Innovationsengagements, wie Ergebnisse aus der WSI-Betriebsrätebefragung 2008/2009 unterstreichen.

Abb. 17: Betriebsratshandeln zur Unterstützung des Innovationsgeschehens

Persönliche Gespräche mit Betroffenen	91,1%
Appelle in Betriebsversammlungen	76,1%
Einbindung bei Planung und Durchführung von Qualifizierungsmaßnahmen	67,1%
Förderung innovationsbereiter Mitarbeiter	63,5%
Beteiligung am BVW oder Ideenmanagement	59,9%
Förderung der Belegschaftsteilnahme an Messen und Kongressen	38,6%
Veranstaltung von Ideenwettbewerben	10,6%

0 20 40 60 80 100

Quelle: WSI-Betriebsrätebefragung 2008/2009, N = 1.700, Anteile zustimmender Antworten

Von mehreren Antwortmöglichkeiten auf die Frage *„Wie unterstützt der Betriebsrat das Innovationsgeschehen im Betrieb?"* steht das persönliche Gespräch mit Betroffenen von Innovationsprozessen an erster Stelle, gefolgt von Appellen in Betriebsversammlungen. Während in den persönlichen Gesprächen die individuelle Betroffenheit im Rahmen von Innovationsprojekten thematisiert wird, geht es bei den Appellen in Betriebsversammlungen eher allgemein um die Beteiligung der Belegschaft am betrieblichen Innovationsgeschehen oder die Vermittlung und Erläuterung von Innovationsprojekten aus betrieblicher Sicht und die entsprechende Positionierung des Betriebsrats. Persönliches Gespräch und Appelle in Betriebsversammlungen ergänzen sich vielfach. Inhalte der persönlichen Gespräche sind die Vermittlung der Notwendigkeit von innovatorischen Veränderungen und die notwendigen individuellen Anpassungsmaßnahmen. Im Vordergrund stehen dabei in erster Linie innerbetriebliche Stellenwechsel und der daraus resultierende individuelle Qualifizierungsbedarf. Diese Gespräche dienen der Umsetzung von vorausgegangenen Absprachen zwischen Betriebsrat und Unternehmensleitung. Personalverantwortliche und Betriebsrat treten hier häufig parallel auf, da die Umsetzung innovationsorientierter Absprachen nicht gegen das Einverständnis der Betroffenen geschehen kann. Betriebsräte als „Vertragspartner" der Unternehmensleitung werden deshalb in diesen Vermittlungsprozess eingebunden. Die Akzeptanz der Betriebsräte in der Belegschaft soll Pro-Innovations-Argumenten eine höhere Glaubwürdigkeit verleihen und vorhandene Innovationswiderstände abbauen.

Während die Vermittlungstätigkeit zuvorderst dem Abbau motivatorisch bedingter Innovationswiderstände dient, versuchen Betriebsräte durch die Mitwirkung im Betrieblichen Vorschlagswesen oder Ideenmanagement direkt die Innovationsmotivation der Belegschaften zu fördern. Die hierbei praktizierten Unterstützungsleistungen der Betriebsräte sind vielfältig und variieren in den verschiedenen Phasen eines BVW-Prozesses (vgl. Kerka 2010, 2011):

Ideenformulierung: Um einen Verbesserungsvorschlag erfolgreich im BVW zu platzieren, müssen bestimmte Kriterien erfüllt sein. Anerkennungsfähige Verbesserungsvorschläge müssen ein Problem beschreiben, den Lösungsansatz benennen und eine Abschätzung der monetären und/oder nicht-monetären Kosten-Nutzeneffekte beinhalten. Abhängig vom Qualifikationsniveau der Belegschaft können schon diese formalen Anforderungen Teilnahmebarrieren darstellen, wobei sich insbesondere die Abschätzung monetärer Nutzeneffekte als ein Problem erweist. Betriebsräte, die vielfach über fundiertere betriebswirtschaftliche Kenntnisse verfügen, leisten Formulierungs- und Berechnungshilfe und unterstützen so die Mitarbeiter bei der Erfüllung der formalen Kriterien. Auf diesem Weg werden Teilnahmebarrieren abgebaut, gleichzeitig erhöhen sich durch die adäquate Vorschlagsformulierung die Umsetzungs- und Prämierungschancen, was einen zusätzlichen Motivierungseffekt haben kann.

Ideenannahme: Die in der Praxis vorzufindenden Möglichkeiten zur Ideenabgabe sind vielfältig. Etabliert sind IT-Lösungen im Intranet – das Spektrum umfasst jedoch nach wie vor auch Briefkästen an zentralen Orten sowie die persönliche Abgabe bei für das BVW zuständigen Akteuren. Dabei handelt es sich häufig um die direkten Vorgesetzten und bestimmte Mitarbeiter der Personalabteilung, die das BVW betreuen. Dazu gehören in zahlreichen Fallstudienbetrieben auch die Betriebsräte. Diese fordern die Mitarbeiter vielfach auf, im persönlichen Gespräch geäußerte Ideen in das BVW einzuspeisen.

Kontrolle der Bearbeitungszeit und der Prämienhöhe: Wesentlich für die Nutzungsintensität eines BVW-Systems sind neben der einfachen Ideenabgabe die Bearbeitungszeit für die Vorschläge und die (objektive und subjektive) Angemessenheit der Prämierung. Insbesondere die Bewertungszeit der eingereichten Ideen durch die zuständigen Fachverantwortlichen erweist sich dabei – trotz Festlegung von maximalen Bearbeitungsfristen – als Engpass. Zu lange Bearbeitungszeiten und mangelnde Rückmeldungen über Verzögerungen wirken demotivierend auf die Belegschaften und führen zu sinkenden Vorschlagsraten. In das BVW eingebundene Betriebsräte engagieren sich deshalb für die Termineinhaltung von Vorschlägen. Analoges gilt für die Prämienhöhe: Während kleinere Vorschläge und Vorschläge ohne monetären Nutzen vielfach direkt vor Ort von den Vorgesetzten entschieden und prämiert werden, müssen Vorschläge, die eine bestimmte Prämienhöhe überschreiten, einen Bewertungsausschuss oder das BVW-Gremium passieren. Dabei zeigt sich häufig, dass die Einschätzung der Nutzenwirkungen von Mitarbeitern und Unternehmensleitung differieren. Betriebsräte sind in diesen Gremien Vertreter der individuellen Mitarbeiterinteressen und versuchen, durch eine nochmalige Bewertung – vielfach gepaart mit einer betriebsratseigenen Nutzenschätzung – einen mitarbeiterorientierten Kompromiss zu finden. Dieser muss in einem nächsten Schritt den betroffenen Mitarbeitern vermittelt werden – eine Aufgabe, in die die Betriebsräte ebenfalls eingebunden sind.

Unterstützung bei Ideenverteidigung in den BVW-Gremien: Neben der Kontrolle formaler Kriterien und der Angemessenheit der Bewertung setzen sich Betriebsräte aber auch inhaltlich mit Gutachten und gegebenenfalls Ablehnungsbescheiden auseinander. Im Rahmen der Fallstudienarbeit zeigte sich, dass Betriebsräte auf diesem Weg eine positive Neubewertung bereits abgelehnter Vorschläge erreichen konnten.

Initiierung und Kooperation bei themenspezifischen Sonderaktionen: Insbesondere in großen Unternehmen, in denen das BVW in einer eigenständigen organisatorischen Einheit verankert und nicht – wie in kleineren Unternehmen – als zusätzliche Aufgabe im Personalbereich angesiedelt ist, wird das BVW nicht nur administriert, sondern durch kontinuierliche Werbeaktionen forciert. Neben regelmäßigen Newslettern im Intranet dienen hierzu auch themenspezifische Sonderaktionen, beispielsweise zu Energieeinsparungen oder zu bestimmten Fragen der Arbeitssicherheit. Wo derartige Aktionen durchgeführt werden, sind die Betriebsräte sowohl in die Themenfindung als auch in die Propagierung eingebunden. Als Marketinginstrumente dienen dann auch Betriebsratszeitschriften und Betriebsversammlungen.

5.3.2.2 Strategisch-strukturelles Betriebsratshandeln zur Förderung der Motivation zur Innovation

Neben der projektorientierten Beeinflussung der Belegschaftsmotivation engagieren sich Betriebsräte auch bei der strukturellen Gestaltung von innovationsorientierten Anreizsystemen. Während die Einrichtung eines BVW regelmäßig auf Initiativen der Geschäftsleitung beruht, haben Betriebsräte eine wichtige Rolle bei der anschließenden Ausgestaltung des BVW. Die Umsetzung des BVW wird in Betriebsvereinbarungen fixiert, die die personellen und sachlichen Anforderungen an Verbesserungsvorschläge, Begutachtungsfristen und die Prämiengestaltung regeln.

Auch wenn die meisten Betriebsräte in den BVW-Gremien vertreten sind, beschäftigen sie sich nur in Ausnahmefällen proaktiv mit der Fortentwicklung des BVW. Zwar werden sinkende Vorschlagsraten als Indikator für Systemschwächen festgestellt, es unterbleibt aber die Erarbeitung eigener Ideen, wie die hemmenden Faktoren verbessert werden können. Das bleibt zumeist der unternehmerischen Initiative überlassen – auch deshalb, weil die überlangen Bearbeitungszeiten zumeist auf Überlastungssituationen der Gutachter zurückzuführen sind, die nur durch weitreichende organisatorische und/oder personelle Änderungen abgebaut werden können, die die Wirkungs- und Umsetzungsmöglichkeiten der Betriebsräte weit überfordern. In den meisten Fallstudienbetrieben mit „schlecht laufendem“ BVW standen die Betriebsräte der Entwicklung ratlos gegenüber und warteten auf entsprechende Überlegungen von der Arbeitgeberseite. Nur in Ausnahmefällen entwickelten die Betriebsräte Lösungsansätze zur Verbesserung der Funktionsfähigkeit des BVW und damit zur Erhöhung der Teilnahmemotivation. Das folgende Beispiel verdeutlicht, wie Betriebsräte sich proaktiv für die Verbesserung des BVW stark machen können:

Aufgrund von Umstrukturierungsmaßnahmen war im Chemieunternehmen C-1 die zentrale BVW-Stelle des Konzerns weggefallen. Stattdessen wurde diese Aufgabe von der Personalabteilung am Standort zusätzlich übernommen. Die geringe Aufmerksamkeit, die diese dem BVW entgegengebrachte, gepaart mit einer Überlastung der begutachtenden Vorgesetzten führte zu immer längeren Bearbeitungszeiten. Die damit verbundene Unzufriedenheit bei der Belegschaft zeigte sich in deutlich abnehmenden Vorschlagsraten. Zum Ausgleich zur managementinitiierten Einführung eines Produktionssystems ohne Prämien versuchte der Betriebsrat deshalb, das brachliegende BVW zu beleben. Einerseits wurden organisatorische und personelle Änderungen verabredet, die die betroffenen Vorgesetzten teilweise entlasteten, anderseits übernahm der Betriebsrat eine eigene, aktive Rolle im BVW. Der Betriebsrat erhielt den vollen Zugang zum IT-gestützten BVW und kontrollierte und verfolgte die mit der Unternehmensleitung vereinbarten zeitlichen Vorgaben für die Vorschlagsbearbeitung.

Betriebsräte, die sich proaktiv um eine stärkere Nutzung des BVW und damit um eine Verbesserung der betrieblichen Innovationsfähigkeit kümmern wollen, müssen gegebenenfalls auch bereit sein, Verantwortung innerhalb des Systems zu übernehmen. Dazu bedarf es freier Ressourcen, die – sofern über Freistellungen nicht abgedeckt – im betriebsrätlichen Alltag über entsprechende organisatorische Änderungen und Aufgabenzuweisungen gleichsam „freizuschaufeln“ sind.

Während die strukturelle Verbesserung des BVW zur Steigerung der Einreichungsmotivation nur selten von den Betriebsräten adressiert wird, konzentriert sich das Betriebsratsengagement stärker auf die Prämiengestaltung. Im Kern geht es dabei um die Erweiterung der individuell orientierten BVW-Prämien zu Gruppenprämien, die die Mitarbeiter an den betrieblichen Nutzen von Verbesserungsaktivitäten im Rahmen von Gruppenarbeit und Kaizen-Systemen beteiligen sollen. Die anfängliche Ablehnung dieser Systeme durch zahlreiche Betriebsräte ist mittlerweile – auch bedingt durch Generationswechsel und Amtsübergaben in den Betriebsräten der Fallstudienbetriebe – einer verbreiteten zustimmenden Haltung gewichen. Dazu trägt auch bei, dass in den meisten Betrieben die Betriebsratsvorsitzenden in den Lenkungsausschüssen vertreten sind. Betriebsräte unterstützen den Prozesserfolg zusätzlich durch Vereinbarungen hinsichtlich der Anreizgestaltung.

Die Verbesserung der individuellen Arbeitssituation und gegebenenfalls eine höhere Beschäftigungssicherheit durch eine gestärkte Wettbewerbsposition des Unternehmens sind nach Ansicht vieler Betriebsräte jedoch nicht ausreichend, um die Belegschaften langfristig zu einer aktiven Teilnahme zu motivieren.

> „Die Mitarbeiter sind ein halbes Jahr begeistert, dass sie ihre Arbeitsplätze selber organisieren können. Aber nach einem halben Jahr fragen sie: Jetzt sind wir besser geworden, was kriegen wir dafür? Wenn es da nichts gibt, dann funktioniert das nur eine Zeit lang.“ (Betriebsratsvorsitzender von M-9)

Auf Initiative der Betriebsräte sind deshalb häufig Gruppenprämien eingeführt worden, die die Belegschaften an den finanziellen Nutzen ihrer Verbesserungen beteiligen sollen. Zusätzlich gibt es die Möglichkeit, diese Gruppenprämien mit Leistungsprämien, die das Innovationsverhalten berücksichtigen, zu kombinieren.

Im Maschinenbauunternehmen M-11 soll im Rahmen der Gruppenarbeit die Eigeninitiative in der Belegschaft dadurch gefördert werden, dass sie bei gruppeninitiierten Verbesserungsmaßnahmen ein Drittel der Nutzenwirkungen des ersten Jahres erhält. Die Gruppenprämie entfällt, wenn der Verbesserungsprozess in einem managementinitiierten Verbesserungsprojekt durchgeführt wird. Zusätzlich zu dieser einmaligen Gruppenprämie profitieren die Mitarbeiter auch langfristig von Prozessverbesserungen: Das Gehalt enthält neben der Grundentlohnung verschiedene Leistungskomponenten. Für Produktionsmitarbeiter gibt es z.B. Prämienbausteine, die sich am Umsatz pro Stunde orientieren. Steigt aufgrund von Prozessverbesserungen die Produktivität, profitieren die Mitarbeiter über die dadurch möglichen Umsatzsteigerungen auch langfristig von ihrem Innovationsengagement. „Damit haben wir uns so eine Art kontinuierliche Verbesserung erkauft.“ (Betriebsratsvorsitzender von M-11).

Während die Betriebsräte des Fallstudiensamples bei der Förderung von arbeitsorganisatorischen Innovationen auf unterschiedliche Anreizsysteme zurückgreifen (z.B. finanzielle und nicht-finanzielle BVW-Prämien, Gruppenprämien, Prämienbausteine bei leistungsabhängigen Gehaltsbestandteilen), wird hinsichtlich inkrementeller Produktinnovationen nur auf die Prämierung im Rahmen des Betrieblichen Vorschlagwesens verwiesen. Bei technologischen Innovationen, genauer: Erfindungen als „Rohstoff" für technologische Innovationen, kann auf das Arbeitnehmererfindergesetz (ArbnErfG) zurückgegriffen werden. An der Ausgestaltung in diesem Bereich sind die Betriebsräte jedoch in der Regel nicht beteiligt.

Eine Ausnahme bildet das Chemieunternehmen C-4, in dem es bei patentierbaren Vorschlägen aus dem Produktionsbereich zur Kooperation zwischen dem BVW und der konzerneigenen Patentabteilung kommt. Um den Bearbeitungsprozess angesichts teilweise mehrjähriger Patentierungsprozesse zu beschleunigen und die Vorschläge schneller prämieren zu können, werden diese zunächst über das „schnellere" BVW abgewickelt, während parallel das Patentierungsverfahren eingeleitet wird. Nach Abschluss der Patentierung wird die BVW-Prämie dann mit den Erlösen bzw. dem Mitarbeiteranteil an dem Patent verrechnet. Über das BVW-Verfahren ist auch der Betriebsrat an solchen Vorschlägen beteiligt. Gleichwohl gilt: Patentierungsfähige Vorschläge aus Bereichen jenseits von Forschung und Entwicklung sind die Ausnahme und werden auch nicht von den Mitarbeitern erwartet – jedoch hat man zumindest „Spielregeln" für diesen Fall vereinbart.

Direkte finanzielle Zuwendungen über das BVW, Gruppenprämien oder Erfindervergütungen sind nur einige Elemente, um die Motivation zu Innovationen im Betrieb zu fördern. Eine weitere Möglichkeit liegt in der *Verankerung von innovationsorientierten Elementen bei der Mitarbeiterbeurteilung,* zum Beispiel im Rahmen von Mitarbeitergesprächen. In zahlreichen Unternehmen wurden in der Vergangenheit Mitarbeitergespräche zur Personalbeurteilung eingeführt. Ziel dieser Gespräche ist es, auf der Grundlage einer Reflexion des Arbeitsverhaltens neue Ziele festzulegen und die zu ihrer Erreichung notwendigen Hilfs- und Qualifizierungsmaßnahmen zu planen. Neben motivatorischen Zwecken dienen diese Gespräche auch der Vorbereitung von personellen Entscheidungen (z.B. Beförderungen oder Versetzungen, Stehle 1995, S. 194f.). Die den Beurteilungen zugrunde liegenden Kriterienkataloge sind frei gestaltbar. Und obwohl sie wesentlich von der Arbeitsaufgabe geprägt sind, können sie hinsichtlich des Innovationsengagements der Mitarbeiter um aufgabenfremde Aspekte erweitert werden. Analog dem Betrieblichen Vorschlagswesen ist ebenso die Aufstellung von Beurteilungsgrundsätzen mitbestimmungspflichtig (§ 94 Abs. 2 BetrVG). Mitbestimmungsfrei ist hingegen die tatsächliche Beurteilung eines Mitarbeiters. Die Einflussmöglichkeiten der Betriebsräte beschränken sich dabei auf die

Überwachung der korrekten Anwendung der vorher vereinbarten Beurteilungsgrundsätze.

Mit Ergebnissen aus den Fallstudien wollen wir den Aspekt der innovationsorientierten Mitarbeiterbeurteilung noch vertiefen. Auch wenn quantitative Vorgaben im Innovationsbereich (zum Beispiel eine bestimmte Anzahl an Ideen) wenig sinnvoll erscheinen, besteht durchaus die Möglichkeit, das Innovationsverhalten von Mitarbeitern in den Beurteilungsprozess einfließen zu lassen. Im IT-Unternehmen I-1 geschieht dies zum Beispiel über das Kriterium *„Mehrwert für das Unternehmen schaffen“:*

> „Im Beurteilungsverfahren ist die Aufforderung zur Innovation enthalten. Wir machen immer Jahresbeurteilungen, und ein Mitarbeiter hat seine Aufgaben besonders gut erfüllt, wenn er auch einen Beitrag über sein Team hinaus geleistet hat. Für eine sehr gute Beurteilung muss schon ein Mehrwert für das Unternehmen entstanden sein, nicht unbedingt nur monetär bewertbar – zum Beispiel, wenn jemand eine Idee hat, wie man im Zusammenspiel von ‚Software‘, ‚Entwicklung‘ und ‚Support‘ den Durchlauf einer Fehlermeldung deutlich verkürzen kann.“ (Betriebsrat von I-1)

Dieses Beispiel zeigt: Innovationsorientierung lässt sich in der Mitarbeiterbeurteilung auch jenseits quantitativer Zielvorgaben verankern. Die Berücksichtigung ermöglicht es, die auf den Beurteilungen aufbauende Karriere- und Aufstiegsplanung auch auf das innovatorische Engagement der Mitarbeiter zu gründen. Insgesamt muss jedoch festgestellt werden, dass das innovatorische Engagement der Mitarbeiter noch nicht an prominenter Stelle in den Mitarbeiterbeurteilungsgrundsätzen verankert ist.

Jenseits dieser instrumentell orientierten Anreizgestaltung versuchen Betriebsräte, auch auf anderen Wegen die Innovationsbereitschaft der Mitarbeiter zu fördern. Hierzu dienen z.B. die regelmäßigen Betriebsversammlungen, in denen Betriebsräte auf das BVW verweisen und die Mitarbeiter zum Einbringen ihrer Ideen in den Betrieb auffordern. Ob diese Appelle aber tatsächlich einen effektiven Widerhall in der Belegschaft finden oder nicht über eine „ritualisierte Pflichtübung“ hinausreichen, muss an dieser Stelle offen bleiben.

5.3.2.3 Förderung der Motivation zur Innovation: Spannungsfelder

Betriebsratsengagement zur Förderung der Innovationsmotivation der Mitarbeiter findet innerhalb zahlreicher Spannungsfelder statt. Auch hier gilt, dass Betriebsräte, die sich für Innovationen engagieren wollen, in Konflikte geraten können – nicht nur mit der Arbeitgeberseite, sondern ebenso mit der Belegschaft und innerhalb ihres Gremiums. Legitimationsprobleme können aufkommen, weil Betriebsräte zur Stärkung der Innovationsmotivation häufig unternehmerische

Argumentationsmuster übernehmen (Stichwort „Co-Management“) und so scheinbar eine eindeutige innerbetriebliche Arbeitnehmervertretung aufgeben.

Abb. 18: Förderung von Innovationsbereitschaft im Betrieb: Spannungsfelder

Motivation der Belegschaft	**Spannungsfelder zum Management:** • Bearbeitungszeiten durch die Gutachter (Verbesserung vielfach nur durch weitergehende organisatorische Veränderungen möglich) • Prämiengestaltung und Prämienhöhe • Beschäftigungswirkung von Innovationen • Beteiligungsrechte der Betriebsräte • Aktionsniveau der Betriebsräte (Proaktive Gestaltung statt passive Reaktion gefordert) **Spannungsfelder zur Belegschaft:** • Schwankende Teilnahmebereitschaft **Spannungsfelder betriebsratsintern:** • Umfang des Betriebsratsengagements im BVW (Rollenverständnis der Betriebsräte) • Bedeutung des BVW

Im Rahmen der skizzierten Maßnahmen zur Stärkung der Mitarbeitermotivation variieren die Konfliktfelder von Betriebsräten und Management. Bei der Kooperation im Betrieblichen Vorschlagswesen zeigt sich häufig:

- Betriebsräte nehmen zwar die sinkende Bedeutung eines BVW wahr und können aufgrund der Belegschaftskontakte auch Ursachen für die nachlassende Teilnahmemotivation benennen. Es fehlt ihnen aber vielfach die Wirksamkeit, mögliche Verbesserungen durchzusetzen – insbesondere dann, wenn vom Management die Bedeutung des BVW gering geschätzt wird und es an Bereitschaft zu nachhaltigen Maßnahmen, um die Akzeptanz in der Belegschaft wieder zu erhöhen, mangelt.
- Veränderungen an den grundlegenden Regelungen über das Betriebliche Vorschlagswesen erfordern aufgrund der Mitbestimmungsrechte der Betriebsräte den Abschluss von Betriebsvereinbarungen. Betriebsräte streben dabei nach weitreichenden Einflussmöglichkeiten in den BVW-Gremien und möglichst umfassenden Regeln hinsichtlich der Konfliktlösung, zum Beispiel bei unterschiedlichen Einschätzungen über den Vorschlagsnutzen und damit über die Prämienhöhe. Dem stehen vielfach die Vorstellungen des Managements entgegen. Im Sinne der eigenen Entscheidungsflexibilität wird versucht, einen geringeren Formalisierungsgrad zu vereinbaren und Prämienregeln so zu gestalten, dass das Letztentscheidungsrecht beim Management selbst verbleibt.

Insgesamt ist das Konfliktpotenzial im Bereich des Betrieblichen Vorschlagswesens eher gering einzuschätzen. In den Fallstudienbetrieben herrschte hier in der Regel Einigkeit über Stellenwert und Struktur. Allerdings verlagerten die Betriebsräte bei einem „schlecht laufenden" Ideenmanagement den Handlungsdruck zumeist auf die Seite der Arbeitgeber.

Während die Einrichtung und das Betreiben eines Verbesserungs-Vorschlagswesens von den Betriebsräten mehrheitlich positiv begleitet wird, ist die Einführung von Kaizen-Programmen oder die Einführung von Gruppenarbeit in Kombination mit Programmen zur Kontinuierlichen Prozessverbesserung teilweise mit erheblichen Spannungen verbunden. Kernpunkte sind dabei

(1) die formelle Einbindung der Betriebsräte und
(2) das Rollenverständnis der Betriebsräte; darüber hinaus
(3) die Prämierung von Mitarbeiterideen und essenziell
(4) die Frage der resultierenden Beschäftigungssicherheit.

(1) Formelle Einbindung der Betriebsräte: Die Einführung von Produktionssystemen oder Kaizen-Programmen wird ausschließlich vom Management initiiert. An der Spitze dieser Programme steht zumeist ein zentraler Lenkungsausschuss, der die Themenstellungen und die daraus abgeleiteten Unterprojekte anregt, koordiniert und kontrolliert. In den meisten Unternehmen sind zumindest die Betriebsratsvorsitzenden in diese Lenkungsausschüsse integriert. Betriebsräte sind so an prominenter Stelle an der Planung und Umsetzung dieser Programme beteiligt. Lediglich in Ausnahmefällen (Chemieunternehmen C-1) werden die Betriebsräte von einer Mitgestaltung ausgeschlossen. Davon abzusetzen ist die formelle Einbindung in die einzelnen Projektgruppen. Hier sind Betriebsräte zwar häufig über ihre innerbetriebliche Funktion eingebunden, eine darüberhinausgehende Teilnahme als Gremienvertreter ist trotz entsprechender Angebote seitens des Managements jedoch eher selten. Begründet wird dies meist mit der Überlastungssituation der Betriebsratsmitglieder, wie in dem folgenden Erfahrungsbericht:

> „Lange Zeit war mein Stellvertreter in diesen Qualitätszirkeln drin, aber das ist eine unheimlich anstrengende Sache, und er war total froh, als er da raus war. Es ist eine sehr zeitfressende Sache, weil das natürlich auch mit dem entsprechenden Zeitdruck gemacht werden muss." (Betriebsratsvorsitzender, IT-Unternehmen I-7)

(2) Rollenverständnis der Betriebsräte: Eine aktive Mitwirkung der Betriebsräte kann ein neues, gewandeltes Rollenverständnis von Kontrolleuren des Managements hin zu „ambitionierten" Mitgestaltern der Unternehmensentwicklung signalisieren. Hier liegen in der Praxis vielfach jedoch Hürden, die von vielen Betriebsräten (noch) nicht genommen werden. Eine Ausnahme war in einem Chemieunternehmen zu beobachten: Im Zuge der Einführung eines Produktions-

systems hatten Kulturanalysen die Notwendigkeit eines tiefgreifenden Bewusstseinswandels in der Belegschaft ergeben. Um diesen Prozess zu fördern, wurde eine Projektgruppe „Mindset & Behavior“ eingerichtet, die insbesondere das bisherige Führungsverhalten verändern sollte. Der Betriebsrat war durch den stellvertretenden Vorsitzenden vertreten, der in einem internen Auswahlprozess zum Leiter dieser Projektgruppe gewählt worden war. (Chemieunternehmen C-3) Einerseits ist das Verzichten von Interessenvertretern auf aktive Mitgestaltungsmöglichkeiten an sich bereits kritikwürdig, andererseits erhöhen Betriebsräte damit das Konfliktpotenzial zum Management. Statt bereits frühzeitig in der Planungsphase, wenn Änderungen noch leichter möglich sind, Mitarbeiterinteressen zu vertreten, sind sie so auf nachträgliche Kontrollen angewiesen. Änderungswünsche des Betriebsrats müssen dann zeit- und kostenintensiv in die Planungen eingearbeitet werden und belasten das Kooperationsklima zur Unternehmensleitung.

(3) Prämierung von Mitarbeiterideen: Die Mitarbeit in den Projektgruppen erfolgt üblicherweise als Teil der Arbeitsaufgabe. Die Gruppenmitglieder werden von den Vorgesetzten delegiert, eine zusätzliche Entlohnung in Form einer Prämie etc. ist häufig nicht vorgesehen. Gleichwohl gilt: Effizienzsteigerungen durch verbesserte Prozesse und arbeitsorganisatorische Abläufe bedeuten positive Nutzenwirkungen für die Unternehmen. Betriebsräte sind deshalb bestrebt, die Belegschaften an diesen Nutzenwirkungen zu beteiligen. Möglichkeiten hierzu bieten die Einführung von Gruppenprämien im BVW (was zu einer Verzahnung der Systeme von BVW und Kaizen-Gruppen führt) oder durch eine entsprechende Gestaltung leistungsorientierter Lohnkomponenten. Spannungsfelder zur Unternehmensleitung ergeben sich dann einerseits aus der Frage, ob die Mitarbeiter überhaupt beteiligt werden sollen sowie aus der Suche nach geeigneten Messgrößen für die Höhe und den Anteil der Mitarbeiterinnovationen an der betrieblichen Leistungsentwicklung und die daraus resultierenden Prämien.

(4) Beschäftigungssicherheit: Dominantes Ziel von Kaizen-Systemen ist die Effizienzverbesserung der innerbetrieblichen Arbeitsabläufe. Dies hat Auswirkungen auf die Anzahl der betriebsnotwendigen Arbeitsplätze. Um die Mitarbeit der Betriebsräte, aber auch insbesondere die Mitwirkung der Belegschaften selbst zu erhalten, müssen derartige Systeme durch beschäftigungsstabilisierende Maßnahmen abgesichert werden. In Frage kommen dabei Maßnahmen zur Umsatzsteigerung durch Produkt- und Marktinnovationen, eine Neubewertung von Make-or-Buy-Entscheidungen oder verstärkte In-Sourcing-Aktivitäten. Nur dort, wo diese Optionen von der Unternehmensleitung parallel angegangen werden, ist mit einer positiven Unterstützung seitens der Betriebsräte und der Belegschaften zu rechnen. Andernfalls kommt es zur Verweigerung der Mitarbeit, wie im Maschinenbau-Unternehmen M-7. Aufgrund gravierender innerbetrieblicher Prozessineffizienzen, die auch dem Betriebsrat bekannt waren und von ihm als

problematisch für die Unternehmensentwicklung angesehen wurden, begrüßte man die Einführung der Kaizen-Gruppen und beteiligte sich aktiv an der Gruppenarbeit. Als sich nach drei Monaten die ersten Erfolge („Rationalisierungsgewinne") bemerkbar machten, kündigte die Unternehmensleitung an, über 100 Stellen abbauen zu wollen – was die Zusammenarbeit abrupt beendete. Stattdessen agierte der Betriebsrat nun gegen die Kaizen-Aktivitäten bei der Belegschaft. Da derartige Systeme aber wesentlich auf der Teilnahmebereitschaft der Mitarbeiter aufbauen, war somit das Gesamtsystem gefährdet und wurde auch nach kurzer Zeit wegen Erfolglosigkeit eingestellt.

Anders als im Betrieblichen Vorschlagswesen, in dem die Spannungsfelder wesentlich auf einzelne Innovationsprojekte bezogen sind, während die Betriebsräte sich bei der strukturellen Gestaltung und Fortentwicklung eher passiv verhalten, liegen die Konfliktpotenziale im Bereich der Kaizen-Systeme oder Produktionssysteme vermehrt bei der strukturellen Gestaltung und strategischen Ausrichtung. Die Belegschaftsbeteiligung bei Innovationen ist nicht nur eine Frage von „Tools" und Instrumenten, sondern auch eine Frage der empfundenen (Beschäftigungs-)Sicherheit. Den Mitarbeitern ist authentisch und glaubwürdig zu vermitteln, dass ihnen aus einer aktiven Teilnahme (zum Beispiel an der Umsetzung eines Produktionssystems) keine Nachteile erwachsen werden.

Darüber hinaus sind Spannungsfelder auf der Einzelfallebene im Bereich der Führungssysteme angesiedelt. Mitarbeiterbeurteilungen und Zielvereinbarungen als generelle Instrumente gelten weitgehend als unumstritten und sind über Betriebsvereinbarungen geregelt. Problematisch sind hingegen die individuellen Beurteilungen. Dabei geht es im Wesentlichen um die innerbetriebliche Gleichbewertung zwischen einzelnen und innerhalb einzelner Abteilungen. In der Praxis zeigt sich wiederholt, dass Führungskräfte insbesondere bei der Neueinführung derartiger „Tools" Probleme bei der Beurteilung ihrer Mitarbeiter haben. Dies betrifft insbesondere die Gleichmäßigkeit der Beurteilung und die Vermeidung subjektiver Bewertungsverzerrungen. Betriebsräte übernehmen hier – häufig hervorgerufen durch die Beschwerden einzelner Mitarbeiter, die sich ungerecht bewertet fühlen – die Aufgabe, die korrekte Anwendung der vereinbarten Bewertungsgrundsätze zu überprüfen und in persönlichen Vermittlungsgesprächen eine Veränderung der Bewertung zu erreichen.

Mögliche Ansatzpunkte der Betriebsratsarbeit zur Förderung der innerbetrieblichen Innovationsbereitschaft beschränken sich jedoch nicht nur auf die Interaktion mit Vertretern des Managements. Obwohl Betriebsräte Belegschaftsvertreter sind, können Konflikte mit der Gesamtbelegschaft oder mit einzelnen Belegschaftsmitgliedern entstehen. Wiederkehrende Spannungsfelder sind dabei einerseits eine generelle Innovationsverweigerung insbesondere in den höheren Altersgruppen, andererseits eine von den Betriebsräten als zu gering empfundene Teilnahmebereitschaft im Betrieblichen Vorschlagswesen. Mittels persönlicher Gespräche, genereller Appelle und durch die Unterstützung von Sonderprojekten im BVW versuchen Betriebsräte diese Blockaden zu lösen. Weitere Konfliktfelder ergeben sich durch divergierende Vorstellungen von „Ideeneinreichern" und „Ideenbewertern". Ideeneinreicher überschätzen häufig den finanziellen Nutzen oder die Umsetzbarkeit ihrer Ideen und beschweren sich dann bei den Betriebsräten über eine als zu gering empfundene Prämie oder die Ablehnung ihres Vorschlags. Diese müssen dann den Ideeneinreichern die Zusammensetzung der Prämie oder die Ablehnungsgründe vermitteln. Durch die Vermittlungs- und Kompromisssuche der Betriebsräte lässt es sich nicht vermeiden, dass sich einzelne Mitarbeiter nur ungenügend vertreten fühlen.

Aber auch in den Betriebsratsgremien selbst ist das Engagement insbesondere im Rahmen der Kaizen-Systeme nicht unumstritten. Gremienbeschlüssen über den Umfang der Betriebsratsbeteiligung gehen häufig Auseinandersetzungen zwischen verschiedenen Betriebsratsgruppen voraus. Eine besondere Bedeutung kommt dabei den Betriebsratsvorsitzenden zu, die einerseits zwischen diesen Gruppen vermitteln müssen, gleichzeitig aber wegen ihrer herausgehobenen Stellung einen prägenden Einfluss haben. Die Erkenntnisse aus den Fallstudienbetrieben legen als Interpretation nahe, dass die Ablehnung einer verstärkten Zusammenarbeit häufig auf ideologischen Vorprägungen der Betriebsräte oder negativen Erfahrungen in der Vergangenheit beruht, zum Beispiel durch nicht eingehaltene Zusagen des Managements über die Beschäftigungssicherheit. Zu beobachten ist auch, dass sich die Situation in vielen Betrieben in den letzten Jahren mit der Wahl neuer Betriebsräte grundlegend gewandelt hat. In vielen Fällen konnten dabei – sowohl im Betriebsrat als auch auf Managementseite – ablehnende Haltungen zugunsten einer pragmatischen, kooperationsorientierten Interaktion überwunden werden.

5.3.3 Betriebsratshandeln und Innovationsfähigkeit: weitere Ansatzpunkte

Betriebsräte können über die Mitgestaltung von Arbeitsorganisation und Personalpolitik auf die Innovationsfähigkeit und Innovationsbereitschaft der Fach- und Führungskräfte Einfluss nehmen. Darüber hinaus stehen ihnen noch weitere Ansatzpunkte zu Gebote: Über die Tätigkeit in Aufsichtsräten besteht die Möglichkeit, organisatorische Strukturen und die strategischen Vorgaben zu beeinflussen. In den Fallstudienbetrieben zeigt sich eine Vielzahl potenzieller Themenfelder für diesbezügliches innovationsorientiertes Betriebsratshandeln, wobei das Spektrum von der finanziellen Absicherung von Forschungsprojekten bis hin zur Beeinflussung der betrieblichen Innovationskultur reicht.

Abb. 19: Weitere Innovationsbeiträge von Betriebsräten

	projektbezogen	**strategisch/strukturell**
Fähigkeiten der Belegschaft		
Motivation der Belegschaft		
Organisatorische Rahmenbedingungen	• „Organisationales Gedächtnis" • Prozesspromotor bei Kommunikationsbruchstellen • „Machtpromotor" • Schutz vor Sanktionen bei Innovationsscheitern	• Sicherung von F&E-Budgets • Gestaltung von „Guter Arbeit" • Gestaltung von Gruppenarbeit und von Kaizen-Systemen

5.3.3.1 Weitere projektbezogene Ansätze

Betriebsräte sind vielfach das *„organisationale Gedächtnis"* des Unternehmens. Anders als zahlreiche Führungskräfte verfügen sie über langjährige Betriebserfahrung. Das verschafft ihnen Wissensvorsprünge sowohl hinsichtlich der informellen Betriebsstrukturen als auch hinsichtlich der Historie erfolgreicher, aber auch gescheiterter Innovationsprojekte des Betriebs. Sie können deshalb häufig die Erfolgsaussichten geplanter Innovationsprojekte insbesondere im arbeitsorganisatorischen Bereich besser prognostizieren als die Führungskräfte. Betriebsräte können dieses Wissen in unterschiedlicher Weise nutzen. Sie können damit Innovationsvorhaben torpedieren oder sie versuchen – was häufiger der Fall zu sein scheint – den Umsetzungserfolg als „wohlwollende Kritiker" zu unterstützen. „Dann kommt die Erfahrung von uns, was Mitarbeiter mitmachen und was nicht. Was kann funktionieren und was nicht. Und daran haben wir uns schon ganz intensiv beteiligt." (Betriebsratsvorsitzender von M-9)

Die Vernetzung der Betriebsräte ermöglicht ihnen zudem, unternehmensstrukturelle und hierarchiebestimmte Kommunikationsbruchstellen zu überwinden und innerbetriebliche Kommunikationsprozesse zu fördern. Betriebsräte können so gleichsam als „Prozesspromotoren" in Innovationsprozessen agieren.

Ein Beispiel für die Überwindung struktureller Barrieren

Im Unternehmen M-10 gibt es regelmäßige separate Gesprächsrunden des Betriebsrats mit dem Leiter der Abteilung für Forschung und Entwicklung einerseits, und mit der Produktionsplanung andererseits. In einer der „F&E-Runden" wurde dem Betriebsrat die Planung für eine bestimmte Produktinnovation vorgestellt. Der Betriebsrat hatte jedoch Zweifel, ob diese Innovation mit dem vorhandenen Maschinenpark überhaupt umsetzbar wäre und sprach in der folgenden Produktionsrunde den Produktionsleiter daraufhin an. Dieser bestätigte dem Betriebsrat die absehbaren Umsetzungsprobleme. Daraufhin wurde der Produktionsleiter in das Innovationsteam einbezogen, wodurch die für die Umsetzung der Innovation notwendigen Investitionen rechtzeitig geplant und durchgeführt werden konnten.

Ein Beispiel für die Überwindung hierarchiebestimmter Barrieren

Trotz bestehender Anreizstrukturen über das BVW oder arbeitsorganisatorischer Strukturen wie Produktionssystemen und Gruppenarbeit gelingt es in vielen Fallstudienunternehmen nur eingeschränkt, die Mitarbeiter zur Teilnahme an Verbesserungsprozessen zu aktivieren. Auch die direkte Ansprache der Mitarbeiter durch Führungskräfte bleibt häufig ohne Erfolg. Die Belegschaftsmitglieder weigern sich, ihr Wissen und ihre Ideen weiterzugeben. In Fallstudienunternehmen, in denen sich die Betriebsräte als Co-Manager verstehen, gehen die Managementvertreter deshalb aktiv auf Betriebsräte zu, um das Belegschaftswissen zu nutzen. Durch eigene Berufserfahrung, besonders aber auch durch informelle Kontakte zur Belegschaft, erhalten sie ein betriebliches Meinungsbild und Anregungen für mögliche Verbesserungen.

> „Viele Dinge erfahren Sie als Manager ja gar nicht, auch die direkt Verantwortlichen nicht. Aber der Betriebsrat, der zieht seine Informationen von der Basis. Die würde ich so nie kriegen." (Personalleiter von C-6)

Betriebsräte haben zudem über ihre direkten Zugangswege zu den Unternehmensspitzen die Möglichkeit, in einem geringen Umfang als Machtpromotor auftreten zu können. Von zahlreichen Betriebsräten in den Fallstudienbetrieben wird die innovationsverhindernde Wirkung des mittleren Managements beschrieben. Aus Angst um die eigene hierarchische Position blockieren diese Hierarchieebenen Innovationsideen der Belegschaftsmitglieder, sei es durch Nichtbeachtung der Mitarbeitervorschläge oder in Form ablehnender Gutachten im Rahmen des BVW. Die direkten Kontakte zur Unternehmensspitze ermöglichen es Betriebsräten, diese Innovationsbarrieren zu umgehen. Vom Betriebsrat bei der Unternehmensspitze vorgetragen, erhalten bis dato abgelehnte Innovationsideen eine neue innerbetriebliche Wichtigkeit.

„Wenn Leute Ideen haben und bei ihren Vorgesetzten damit nicht durchkommen können, kommen sie auch schon mal zu uns. Wenn wir das für sinnvoll halten, gehen wir dann auch ganz nach oben. Das hilft dann schon mal.“ (Betriebsratsvorsitzender von M-12).

Neben diese projektorientierte Hilfe zur Ressourcenbereitstellung tritt der Schutz vor Sanktionen im Falle eines möglichen Scheiterns, das Innovationsprojekten immer inhärent ist. Durch formelle und informelle Vermittlung und Unterstützung leisten Betriebsräte so einen Beitrag für das Entstehen einer gelebten fehlerfreundlichen Unternehmenskultur.

Insgesamt zeigt sich aber: Betriebsräte werden von den Belegschaften zumeist nicht als „Innovationsplayer“ wahrgenommen. Ohne eigene Aktivität werden sie erst dann eingeschaltet, wenn sich Belegschaftsmitglieder negativ von Innovationen betroffen fühlen. Betriebsräte sind dann das betriebliche „Sorgentelefon“, von dem man sich Hilfe und Schutz verspricht. Dafür verantwortlich ist auch die bereits beschriebene geringe Verankerung vieler Betriebsräte mit den betrieblichen Innovationsträgern. Statt sich bei Problemen an den Betriebsrat zu wenden, kümmern sich diese lieber selbst um die Durchsetzung ihrer Interessen.

5.3.3.2 Weitere Ansatzpunkte auf der strategisch-strukturellen Ebene

Die Selbstregulierungsmöglichkeiten der betrieblichen Innovationsträger geraten jedoch an Grenzen, wenn es um die Festlegung und Gestaltung der übergeordneten innovationsrelevanten Strukturen geht. Hier sind dann wieder die Betriebsräte gefragt, die als Belegschaftsvertreter betriebsweit geltende Regelungen mit dem Management verabreden können. Neben die projektbezogene Rahmengestaltung tritt deshalb verstärkt die strukturelle Absicherung der unternehmerischen Innovationsfähigkeit.

Insbesondere in von Kostenreduktionen geprägten Krisenzeiten versuchen Betriebsräte durch ihre Mitwirkung in den Wirtschaftsausschüssen, wirkungsmächtiger aber noch als Arbeitnehmervertreter in den Aufsichtsräten, die Absenkung von Forschungsetats zu verhindern, um so die für die Hervorbringung von Innovationen notwendigen Ressourcen zu schützen. Ausgehend von Branchen-Benchmarks bewerten sie die eigenen (Forschungs-)Investitionen und versuchen, die branchentypischen Standards zu erreichen oder zu sichern.

Die Fallstudien zeigen, in Übereinstimmung mit den quantitativ-empirischen Befunden dieser Studie, dass eine darüber hinausgehende gezielte Beeinflussung der innovatorischen Rahmenbedingungen für die meisten Betriebsräte nicht auf der Agenda steht. Die Förderung der Innovationsrahmenbedingungen ist vielfach nur ein unbeabsichtigter, dabei sicherlich positiv bewerteter Nebeneffekt von Maßnahmen aus dem Bereich der Arbeitsorganisation und der Personalpolitik, die etwa der Erreichung und Gestaltung von „Guter Arbeit“ (vgl. Stuth 2009, mit weiteren Nachweisen) dienen.

Neben der „Innovationsvorbereitung“ und Unterstützung für neue Produkte und Dienstleistungen sowie der aufmerksamen und kritischen Begleitung von „Rationalisierungsinnovationen“ ist „Gute Arbeit“ ein drittes dominantes Innovationsziel aus Sicht von Betriebsräten. Im Sinne von „Guter Arbeit“ soll etwa mittels geeigneter arbeitsorganisatorischer und personalpolitischer Gestaltungsansätze die Arbeitsbelastung reduziert, die Mitarbeiterzufriedenheit erhöht und letztlich auch die Leistungsvoraussetzungen der Mitarbeiterinnen und Mitarbeiter langfristig erhalten werden.

Mögliche Ansatzpunkte sind die Einführung von Arbeitszeitmodellen, die den Mitarbeitern mehr Autonomie und Flexibilität bei der Arbeitszeitgestaltung geben oder gesundheitliche Aspekte besser berücksichtigen bzw. eine bessere Vereinbarkeit von Berufs- und Privatleben ermöglichen. Die Mitarbeiter erhalten auf diesem Weg zugleich aber auch größere Freiräume, um innovative Ideen stärker verfolgen zu können, wodurch sich die Rahmenbedingungen für Innovation aus Mitarbeitersicht verbessern, auch wenn dies nicht im Vordergrund steht.

Diese Multidimensionalität des Betriebsratsengagements zur Gestaltung „Guter Arbeit“ spiegelt sich auch in den empirischen Daten wider (vgl. Kap. 5.2 oben). Zusammengefasst: Von 1.700 befragten Betriebsräten haben bereits 1.529 proaktiv Innovationsideen eingebracht. 94,1% dieser proaktiven Betriebsräte machten Vorschläge im Bereich der Arbeitsorganisation, 86,5% zur Gestaltung der Personalpolitik. Eine explizite Verbesserung der innovatorischen Rahmenbedingung verfolgten damit aber lediglich 17,1% der proaktiven Betriebsräte, während es für die Mehrheit (66,4%) ein Ziel unter anderen darstellte.

Auch in den Fallstudienbetrieben verfolgten die wenigsten Innovationsinitiativen tatsächlich eine Verbesserung der innovatorischen Rahmenbedingungen als primäres Ziel. Aber wenn im Chemieunternehmen C-4 – mit aktiver Unterstützung der betrieblichen Interessenvertreter – die Vertrauensarbeitszeit eingeführt wird, um die Kosten für die Stempeluhren einzusparen und die Mitarbeiter einen Stundenrahmen erhalten, den sie gemäß ihren privaten und beruflichen Verpflichtungen selbst gestalten können, dann erleichtert ein solches Modell auch die Arbeitszeitgestaltung für Labormitarbeiter in den Forschungs- und Entwicklungsbereichen. Es erleichtert den Umgang mit zeitlichen Spitzen (quantitativ und hinsichtlich der Lage der Arbeitszeit, zum Beispiel bei Sonnabend- und Sonntagsarbeit) und ermöglicht eine höhere Flexibilität bei der Gestaltung von Innovationsprozessen.

Ein wichtiges Element innovationsfördernder Rahmenbedingung ist die Mitarbeiterpartizipation bei der Gestaltung der betrieblichen Arbeitsabläufe. Insbesondere in Produktionsbetrieben geschieht dies vermehrt im Zusammenhang mit Gruppenarbeitsmodellen und Systemen zur Kontinuierlichen Prozessverbesserung. Hinsichtlich des gestaltenden Einflusses von Betriebsräten ist dabei die Einführung von Gruppenarbeit von Bedeutung. Zahlreiche gescheiterte Beispiele in den Fallstudienbetrieben zeigen, dass die bloße – rechtlich notwendige – Information des Betriebsrats nicht ausreicht, um derartige Arbeitsformen in den Betrieben zu etablieren. Erst die enge Einbindung der Betriebsräte ermöglicht den Umsetzungserfolg – zum Teil auch erst „im zweiten Anlauf". Im Vordergrund des Betriebsratsengagements stehen dann die *finanzielle Beteiligung der Gruppenmitglieder an den angestrebten Effizienzgewinnen,* die Einbindung der Gruppensitzungen in die Arbeitszeitgestaltung, aber auch die Methoden-Qualifizierung der Belegschaften und der Gruppenverantwortlichen. Umgekehrt kann eine Betriebsratsbeteiligung die erfolgreiche Umsetzung nicht „garantieren", wenn solche Arbeitsformen gegen die vorherrschende Unternehmenskultur und Organisationsstruktur installiert werden. Dies illustriert die folgende Episode aus einem der Fallstudienbetriebe:

> „Wir haben hier seit 1990 eine Inselfertigung. Der Betriebsrat war ganz eindeutig mit dabei und auch eine treibende Kraft; dazu gibt es Betriebsvereinbarungen, mehrere Ordner. Dieses Modell ist nach meiner Meinung an unseren Strukturen hier gescheitert. Das passt nicht mit den anderen Strukturen zusammen, das passt nicht in dieses System hinein. Entweder hätte man das in der gesamten Fabrik machen müssen, aber als Insellösungen für manche Bereiche, das hat nicht geklappt." (Betriebsratsvorsitzender von M-3)

5.3.3.3 Weitere Spannungsfelder

Wenn sich Betriebsräte für die direkte oder indirekte Verbesserung der Rahmenbedingungen für Innovation engagieren, treffen sie zumeist auf ein grundlegendes Verständnis der Managementvertreter, da beide letztlich gleiche Ziele verfolgen. Spannungsfelder ergeben sich aus einer differierenden Einschätzung über die Effektivität geplanter Maßnahmen, deren Priorität und die Angemessenheit eventueller Umsetzungskosten. Dabei gilt aus Sicht der Managementvertreter: Vieles, was Betriebsräte vorschlagen, mag der betrieblichen Mitarbeiterorientierung dienen, verursacht aber (zu hohe) Kosten, und es ist nicht gesichert, dass dadurch die Funktionalität der Betriebsabläufe nicht beeinträchtigt wird. Die grundsätzliche Zielübereinstimmung erleichtert jedoch häufig die Kompromissfindung, insbesondere dann, wenn die Betriebsräte nachweisen können, dass die Einwände unbegründet sind.
Sehr viel häufiger entstehen in diesem Bereich Konfliktfelder in Bezug auf die Belegschaft. Betriebsräte vereinbaren kollektiv gültige Vereinbarungen, die individuelle Bedürfnisse nur sehr begrenzt berücksichtigen und deshalb mit der privaten Lebensgestaltung respektive der individuellen Arbeitsgestaltung kollidieren (können) – auch dies ist ein Erklärungsmuster für die geringe Akzeptanz von Betriebsräten in hochqualifizierten Unternehmensbereichen. In projektorien-

Abb. 20: Rahmenbedingungen für Innovationen: weitere Spannungsfelder

Organisatorische Rahmenbedingungen	**Spannungsfelder zum Management:** • Kosteneffizienz von Maßnahmen zur Schaffung innovationsfördernder Rahmenbedingungen **Spannungsfelder zur Belegschaft:** • Mangelnde Kompatibilität kollektiver Regelungen mit individueller Lebensgestaltung • Innovationsorientierte Ungleichbehandlung unterschiedlicher Mitarbeitergruppen

tiert organisierten Bereichen werden zum Beispiel Betriebsvereinbarungen hinsichtlich der Arbeitszeitgestaltung vielfach als Bevormundung gesehen, die der eigenen Zeitplanung zuwiderlaufen. Fixiert auf den Abschluss etwa eines konkreten Entwicklungsprojektes, bringen die Beschäftigten wenig Verständnis für betriebliche Arbeitszeitregelungen auf. Und tatsächlich besteht hier vielfach ein Widerspruch: Kreativitätsbasierte Innovationsarbeit in Forschung und Entwicklung lässt sich nicht in ein fixes Zeitmodell pressen. Hier bedarf es flexibler Lösungen, die die Zeitautonomie dieser Innovationsarbeiter respektieren – ein Konfliktfeld, das in einem Gespräch mit einem Managementvertreter besonders aufscheint:

> „Die Entwickler fühlen sich auch nicht vom Betriebsrat repräsentiert, die sehen sich in einer anderen Welt, in einer anderen Liga und sagen: Wir fühlen uns eigentlich permanent limitiert durch die Betriebsvereinbarungen, die der Betriebsrat macht. Die Arbeitszeit zum Beispiel: Die Entwickler haben überhaupt kein Verständnis, dass man Mehrarbeit, die nun anfällt, um irgendwie an diesen Innovationen zu arbeiten, vom Betriebsrat genehmigen lassen muss und dass ein Betriebsrat aus übergeordneten Gründen auch mal sagt: Wir genehmigen die Mehrarbeit nicht! Da kriegen Sie null Verständnis, die sehen sich gewissermaßen als freischaffende Künstler. Das ist ein eigenes Völkchen und das ist nicht die Klientel des Betriebsrats." (Personalchef von M-2)

Bei der Mitgestaltung der Arbeitsbedingungen für Innovationsarbeiter sitzen Betriebsräte schnell zwischen allen Stühlen. Die Spannungsfelder von innovationsorientierter Mitbestimmung werden hier deutlich: Während die Innovationsarbeiter selbst die zu geringe Flexibilität in den Gestaltungsansätzen der Betriebsräte kritisieren, wird den Betriebsräten umgekehrt eine zu große Flexibilität seitens der Belegschaft vorgeworfen. Sondervereinbarungen für bestimmte innovationsrelevante Gruppen widersprechen dem kollektiven Gerechtigkeitsgefühl und führen zu Unstimmigkeiten zwischen Belegschaft und Betriebsrat, der den entsprechenden Vereinbarungen zugestimmt hat.

Wenn im Maschinenbauunternehmen M-2 krisenbedingt Kurzarbeit eingeführt wird und davon (und den damit unvermeidlich verbundenen Gehaltseinbußen) lediglich die Abteilungen für Forschung & Entwicklung ausgenommen sind, führt dies zu innerbetrieblichen Spannungen. Für die „normalen" Belegschaftsmitglieder stellt dies eine Bevorzugung dar, der „der Betriebsrat auch noch zugestimmt hat". Selbst der Hinweis auf die Wichtigkeit dieser Gruppen für die weitere Unternehmensentwicklung und die Überwindung der Krise kann dann nur eine geringe argumentative Kraft entfalten.

Doch auch die gleichsam „umgekehrte" Konfliktlinie ist denkbar: In einem anderen Maschinenbau-Unternehmen (M-5) unseres Fallstudien-Samples entwickelte sich ein Konflikt zwischen Geschäftsleitung und Betriebsrat, weil das Management Sonderregelungen für einen kleinen Bereich von Innovationsarbeitern einführen wollte. Es ging darum, für einen Zeitraum von mehreren Monaten für ein Team von Entwicklungsingenieuren eine weitreichende Entkoppelung aus der normalen Organisationsstruktur einzurichten. Dieses Team von Innovationsarbeitern sollte „großzügige" Freiräume erhalten, um neue technologische Möglichkeiten für die vorhandenen Produkte erschließen zu können. In diesem „Innovationsdilemma" opponierte der Betriebsrat gegen die Regelung, und zwar mit Unterstützung aus der Gesamtbelegschaft.

Das Spannungsfeld der Mitgestaltung von Rahmenbedingungen für Innovation und der betrieblichen Interessenvertretung tritt in diesen Praxisbeispielen zutage. Betriebsräte sehen sich in erster Linie als Belegschaftsvertreter; dennoch haben sie immer auch unternehmerische Interessen zu berücksichtigen – auch wenn diese mitunter Einzelinteressen aus der Belegschaft widersprechen und daher ein Konfliktpotenzial bergen.

6 Innovationsorientierte Mitbestimmung: Barrieren und Handlungsperspektiven

6.1 Eine Zwischenbilanz

Wir gehen nicht davon aus, dass sich das steigende Interesse am Wirkungsgefüge von Innovation und Mitbestimmung in der Diffusion von Schlagworten erschöpfen wird. Wahrscheinlicher ist hingegen, dass die Erwartungen an betriebliche Interessenvertreter noch weiterem Wandel unterliegen und um Innovationsaufgaben angereichert werden. Sowohl offensive Argumente (Beschäftigungssicherung, Wettbewerbsfähigkeit) als auch eher schutzorientierte Argumente (Rationalisierung, Arbeitsverdichtung, Risiko des Scheiterns) sprechen dabei dafür, dass Betriebsräte sich im Interesse ihrer Klientel und im eigenen Interesse mit Fragen der betrieblichen Innovationsfähigkeit beschäftigen sollten (vgl. zu diesem als „optimistisch" eingeordneten Entwicklungstrend auch Haipeter et al. 2011, S. 122f.).

Die in dieser Studie vorgestellten qualitativen und quantitativen empirischen Ergebnisse zur Mitgestaltung von Innovationen durch die betriebliche Mitbestimmung haben eine fundierte Bestandsaufnahme in diesem Feld ermöglicht. Mit Daten der WSI-Betriebsrätebefragung 2008/2009 war zu zeigen, dass auch Betriebsräte „Innovationsarbeit" (jedoch in einem umfassenderen Sinne verstanden als bei Moldaschl 2007) verrichten: Viele Betriebsräte formulieren eigene Ideen und geben Impulse zur Weiterentwicklung des betrieblichen Innovationsgeschehens. Sie tragen dazu bei, Innovationen mit Bestimmung für Wettbewerbsfähigkeit und Beschäftigung voranzutreiben und betriebliche Innovationsfähigkeit auf Dauer zu stellen. Die Ergebnisse lassen erkennen, dass in Betrieben mit hoher Innovationsleistung auch häufig eine innovationsorientierte Partizipation des Typs „Machtvolle Mitgestaltung" zu finden ist. Das Management ist vor diesem Hintergrund gut beraten, eine authentische Partizipation bei Innovationen zu konzedieren, vielleicht sogar aktiv anzusteuern und betriebsrätliche „Ambitionen" (vgl. Kap. 3.2) zu nutzen.

Die Perspektive der Betriebsräte auf das Konturen gewinnende Mitbestimmungsfeld Innovation ist, wie die quantitativen und qualitativen Befragungsergebnisse konvergent unterstreichen, durchweg positiv. Die Daten der WSI-Betriebsrätebefragung 2008/2009 zeigen weiterhin: Nicht nur die Einstellung gegenüber Innovationen „stimmt", sondern Betriebsräte sind auch motiviert, (noch) mehr eigene Ideen in die Mitgestaltung von Innovationen einfließen zu lassen:

66,5% der repräsentativ befragten Betriebsräte bejahen die Frage „Würden Sie als Betriebsrat gern mehr eigene Vorschläge für Innovationen einbringen?

(Ja/Nein)". Unterschiede im Antwortverhalten sind zu erwarten, wenn man das Ausgangsniveau der innovationsorientierten Partizipation im Betrieb mit einbezieht.

In Tabelle 18 wird das univariate Ergebnis nach den fünf bekannten Betriebsrats-Typen differenziert. Die Ergebnisse deuten an, dass insbesondere die Betriebsräte aus defizienten Interaktionskulturen gleichsam einen „Nachholbedarf" konstatieren: 86% der defizitär informierten Betriebsräte und 69% der Ambitionierten Mitgestalter bestätigen den Wunsch. Plausibel ist, dass der Vergleichswert in der Gruppe der Machtvollen Mitgestalter aufgrund von bereits als hinreichend empfundenen Partizipationsmöglichkeiten geringer ausfällt.

Tab. 18: Wunsch nach mehr Beteiligung bei Innovationen

„Würden Sie als Betriebsrat gern mehr eigene Vorschläge für Innovationen einbringen?"

	nach Betriebsrats-Typologie:					
	BR nicht einbezogen	*defizitär informiert*	*umfassend informiert*	*Ambition. Mitgestalter*	*Machtvolle Mitgestalter*	Gesamt
Ja	*70,4*	*85,5*	*66,7*	*68,9*	*56,3*	66,5
Nein	*29,6*	*14,5*	*33,3*	*31,1*	*43,7*	33,5
	100,0	100,0	100,0	100,0	100,0	100,0

Quelle: WSI-Betriebsrätebefragung 2008/2009, N = 1.688, Angaben in %

Um von „positiven Einstellungen" und „Motivationen" zu tatsächlichem Handeln zu gelangen, ist es hilfreich, sowohl über fördernde als auch über hemmende Faktoren („Barrieren") des Innovationsengagements von Betriebsräten Klarheit zu gewinnen. Denn dass „proaktives innovatives Engagement" betrieblicher Interessenvertreter mitnichten als selbstverständlich zu nehmen ist, daran erinnern auch Haipeter et al. in ihrer Bilanz betrieblicher „Besser statt billiger"-Praxis:

> „Negative Rückwirkungen von Verbesserungsmaßnahmen auf die Arbeitsbedingungen abzuwehren, gehört durchaus zum akzeptierten Kerngeschäft der Betriebsräte. Es zeigt sich jedoch, dass eine weitergehende, bewusst verfolgte Strategie innovativer Arbeitspolitik in der Regel noch Zukunftsmusik ist." (Haipeter et al. 2011, S. 245)

Auf Barrieren einer innovationsorientierten Mitbestimmungspraxis nehmen wir in den *Kapiteln 6.2* und *6.3* abschließend Bezug, sowohl mit weiteren Ergebnissen aus den Betriebsfallstudien als auch unter Berücksichtigung quantitativer Ergebnisse aus der WSI-Betriebsrätebefragung 2008/2009.

6.2 Barrieren innovationsorientierter Mitbestimmung

Welche Barrieren behindern die Umsetzung einer grundsätzlichen Innovationsgeneigtheit in proaktives Handeln? Was steht einem (noch) intensiveren Engagement von Betriebsräten im Mitbestimmungsfeld Innovation entgegen? Hier sind Hebel zu vermuten, an denen für eine weitere Profilierung und Aktivierung der Innovationsarbeit von Betriebsräten angesetzt werden kann.

Unter Rückgriff auf die Einschätzungen von fast 1.700 Betriebsräten im Rahmen der WSI-Befragung ist eine Rangfolge möglicher Hinderungsgründe für betriebsrätliche Innovationsbeiträge zu ermitteln. In Abbildung 21 sind acht Barrieren nach ihrer von den Betriebsräten zugewiesenen Relevanz geordnet.

Abb. 21: Barrieren für Innovationsbeiträge des Betriebsrats

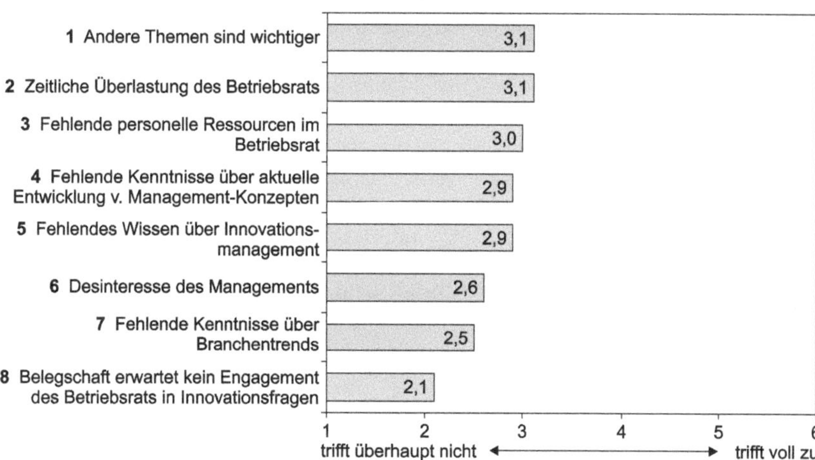

Quelle: WSI-Betriebsrätebefragung 2008/2009, N = 1.692–1.699, Angaben sind Mittelwerte

Barrieren für Betriebsräte, Innovationen als Aufgabenfeld (noch) stärker wahrzunehmen, sind nach dieser empirischen Gewichtung eher nicht im Verhalten anderer betrieblicher Akteursgruppen zu sehen:

Weder das „Desinteresse des Managements“ noch eine fehlende Erwartungshaltung der Belegschaft werden von den Betriebsräten als Hinderungsgrund eingeschätzt. Ganz im Gegenteil: In zahlreichen Fallstudien-Interviews wünschten sich Managementvertreter ausdrücklich ein stärkeres Innovationsengagement der Betriebsräte zur Einführung von Innovationen im Bereich der Arbeitsorganisation und der Personalpolitik. Insbesondere in Betrieben mit ausländischen Konzernmüttern wurde dieses Engagement dann aber häufig durch fehlende Entscheidungsmöglichkeiten der deutschen Geschäftsführung und mangelnde Kontakt- und Vertretungsmöglichkeiten der Betriebsräte in den internationalen Entscheidungsgremien konterkariert. Realitäten, die die Diskrepanz zwischen Innovationsbekenntnissen und tatsächlichen Innovationsbedingungen nochmals beleuchten und einem zukünftigen Betriebsratsengagement eher entgegenstehen dürften.

Auch verschiedenen Barrieren des „Nicht-Wissens" (vgl. Hauschildt/Salomo 2007, S. 190ff.) über das Management von Innovationen (z.B. „Fehlendes Wissen über Innovationsmanagement", „Fehlende Kenntnisse über Branchentrends") messen die Betriebsräte kaum Bedeutung zu.

Zuvorderst genannt werden beschränkte Kapazitätsreserven und abweichende Prioritätensetzungen in den Betriebsratsgremien (vgl. Habenicht et al. 2002) – „andere Themen sind wichtiger". Diese Einschätzungen unterstreichen: Den Trägern einer innovationsorientierten Mitbestimmung muss eine Einpassung von Innovation in das betriebsrätliche Tagesgeschäft gelingen, denn die traditionellen schutzpolitischen Kernaufgaben werden nicht hinter die Beschäftigung mit Innovation und Ideen zur Innovationsfähigkeit zurücktreten.

Innovationshandeln als Nicht-Routinehandeln muss sich gegenüber dem Tagesgeschäft behaupten. Bei knappen Ressourcen – man denke insbesondere an Betriebsräte ohne Freistellung – werden die Bewältigung aktueller Krisensituationen sowie traditionelle schutzorientierte Mitbestimmungsaufgaben im Vordergrund stehen. Für die Wahrung mittel- und langfristiger Arbeitnehmerinteressen durch Betriebsratsinitiativen für Innovationen verbleibt dann der Rang einer zwar nicht unerwünschten, doch unbeabsichtigten Nebenwirkung „normalen" Betriebsratshandelns.

6.3 Innovative Betriebsräte? Kompetenzentwicklung als Voraussetzung

Um in betrieblichen Innovationsprozessen mitwirken zu können und den Zugang zur Beschäftigungsförderung und -sicherung durch aktive Beiträge zum Thema Innovation zu erweitern, müssen die Träger der Mitbestimmung ein hohes Maß an Aufmerksamkeit und (Mit-)Gestaltungskompetenz aufbringen (vgl. dazu auch die Anregungen von Brettschneider et al. 2011, S. 72ff.).

Wenngleich die mangelnde Verfügbarkeit von Wissen über das Management von Innovationen nicht als Engpass für innovatorisches Engagement im Allgemeinen angesehen wird (wie durch die Liste möglicher Gegenargumente nahegelegt wird, vgl. Abb. 22 oben), so zeigt sich im konkreten Fall derjenigen, die sich innovatorisch einbringen wollen, sehr wohl, dass die Komplexität von Innovationsprojekten oft das bestehende Kompetenzprofil übersteigt. Nicht-Routineprozesse zu bewältigen setzt andere Kompetenzen voraus als das Erledigen des Tagesgeschäfts.

Anhand des empirischen Fallstudienmaterials ist exemplarisch aufzuzeigen, was die Innovationskompetenz von Betriebsräten jeweils fördert respektive was sich als hemmender Faktor erweist. Als Ordnungsraster dienen auch hier die drei Kompetenzfacetten „Fähigkeiten", „Motivation" und „organisatorische Rahmenbedingungen" (vgl. Staudt/Kriegesmann 2002).

Während bislang anhand dieser Kompetenzdimensionen dargestellt wurde, wie Betriebsräte zur Unterstützung von Innovationsfähigkeit und Bereitschaft der Belegschaft beitragen können, geht es nun um die Fähigkeit, Motivation und die Rahmenbedingungen der Interessenvertreter respektive des Betriebsratsgremiums.

In Abbildung 22 sind einige Punkte zusammengestellt, die sich in den Fallstudien als kritisch erwiesen haben. Zusätzlich zur mitunter nicht völlig trennscharfen Einteilung nach den drei Kompetenzdimensionen geht es um die Unterscheidung von fördernden und hemmenden Faktoren einer innovationsorientierten Mitbestimmung.

Abb. 22: Innovationsorientierte Mitbestimmung: fördernde und hemmende Faktoren

Fördernde Faktoren		**Hemmende Faktoren**
• Breite Vernetzung im Betrieb, auch bei „Innovationsarbeitern" • Umfassende Information über Unternehmensentwicklung und geplante Innovationen und Investitionen	**Fähigkeiten der Betriebsräte**	• Fokussierung der Betriebsratsmitglieder auf bestimmte Mitarbeitergruppen • Mangelndes Wissen um innovationsfördernde Rahmenbedingungen
• Positive Einstellung zu Innovationen als Voraussetzung für nachhaltige Unternehmensentwicklung • Bereitschaft, auch „ungewöhnliche Rollen" bei Innovationen zu übernehmen • Wirksamkeitserfahrung bei früheren Innovationsprojekten • Verlässlichkeit bei Absprachen	**Motivation der Betriebsräte**	• Kündigungsschutz als dominanter Grund für individuelles Engagement im Betriebsrat • Negatives Feedback bei früheren Innovationsprojekten
• Professionalisierung der Betriebsratsarbeit, z.B. durch feste Aufgabenzuweisung, Projektmanagement • Langfristig orientierte Führungs- und Eigentümerstrukturen	**Rahmenbedingungen für Betriebsräte**	• Ressourcenknappheit der Betriebsräte (zwingt zu Prioritätensetzung auf das „Tagesgeschäft")

6.3.1 Fähigkeiten als Basis betriebsrätlichen Innovationshandelns

Betriebsrätliches Innovationsengagement im Sinne der angestrebten Unternehmensentwicklung setzt eine entsprechende Orientierung voraus. Das Wissen über Innovationsabsichten des Unternehmens ist mithin unentbehrlich. Für innovationsorientierte Betriebsräte ist dies nicht ausschließlich eine Bringschuld des Managements, sondern sie sehen sich selbst in der Pflicht, das notwendige Wissen zu erlangen. Hilfreich dabei ist eine enge Vernetzung der Betriebsräte in alle Unternehmensbereiche. Diese liefert den Betriebsräten – häufig informell – zusätzliche Informationen über das betriebliche Innovationsgeschehen und bietet ihnen zugleich die Möglichkeit, Innovationsprojekte besser einzuschätzen und Beiträge zur Unterstützung ihrer erfolgreichen Umsetzung zu entwickeln. Da Betriebsräte in der Regel nicht selbst Umsetzer in den komplexen Teilprozessen von Innovationen sein können, sind sie auf die Expertise aus ganz unterschiedlichen Unternehmensbereichen angewiesen. Hier bestehen in den Betriebsratsgremien meist Begrenzungen, da sich ihre Zusammensetzung häufig auf gewerbliche Mitarbeitergruppen konzentriert. „Innovationsarbeiter" aus Forschung und Entwicklung oder auch Marketing und Vertriebsspezialisten für die Betriebsratsarbeit zu gewinnen, fällt offensichtlich vielfach schwer und setzt ein langfristiges strategisches Handeln der Betriebsratsvorsitzenden voraus.

Eine enge Vernetzung der Interessenvertreter in den gesamten Betrieb kann die innovationsorientierte Wissensbasis der Betriebsräte direkt und indirekt erhöhen. Dabei muss klar sein: Der Aufbau innerbetrieblicher Netzwerke und die Einbindung von Innovationsarbeitern in die Betriebsratsarbeit (Stichwort „Repräsentativität" des Betriebsratsgremiums) ist ein langfristiger Prozess. Während etwa Wissenslücken im Bereich Innovationsmanagement – so sie denn von den Betriebsratsmitgliedern als solche eingeschätzt werden – noch relativ klar zu adressieren und schnell zu schließen sind – stellt die Vernetzung des Gremiums in alle Funktionen und Gruppen des Betriebes eine Entwicklungsaufgabe von anderem Zeithorizont dar. Die Überwindung zum Teil vorhandener Barrieren zwischen Mitarbeitergruppen und den Betriebsräten wird nur gelingen, wenn auch „betriebsratsferne" Gruppen für sich einen entsprechenden Nutzen wahrnehmen.

In praxi ist bisher noch zu häufig eine Fokussierung auf bestimmte Belegschaftsgruppen zu erkennen – eine Tatsache, die einer Ausdehnung des Betriebsratsengagements für Innovationen eher entgegensteht, da so die Gefahr steigt, dass statt einer Förderung von Innovationen und Veränderungen die Bestandssicherung für diese Belegschaftsgruppen in der Betriebsratsarbeit dominiert. Mögliche Ansatzpunkte für die Darstellung von innovationsorientierten Nutzeneffekten bietet ein Betriebsratsengagement für die Verbesserung der innerbetrieblichen Rahmenbedingungen. Die Fallstudien zeigen aber, dass damit häufig nur die Gestaltung des Betrieblichen Vorschlagswesens verknüpft wird. Darüber hinausgehende Elemente einer innovationsorientierten Unternehmenskultur, wie zum Beispiel Führungsverhalten, Freiräume für innovative Mitarbeiter oder Fehlertoleranz, bleiben hingegen meistens außen vor.

Betriebsräte werden bei der Beurteilung und Mitgestaltung von Innovationsprojekten nicht ausschließlich auf die bei den verschiedenen Betriebsratsmitgliedern bereits vorhandenen Fähigkeiten und Kenntnisse zurückgreifen können, sondern müssen darüber hinaus auch auf zusätzliche betriebsinterne und externe Hilfsangebote zurückgreifen. Die Mitwirkung von Betriebsräten an Innovationsprozessen bedarf Kooperationsstrukturen, innerhalb derer sich innovationsorientiertes Betriebsratshandeln in unterschiedlichen Ausprägungen manifestieren kann. Neben den formellen Kooperationsstrukturen, deren Rahmen durch das Betriebsverfassungsgesetz vorgegeben ist, die aber auf freiwilliger Basis erweitert werden können, spielen dabei auch informelle Kooperationsbeziehungen zum Management eine Rolle.

Daneben sind zahlreiche Betriebsräte – insbesondere in mittelständischen Betrieben unseres Fallstudiensamples – in zentrale Leitungsgremien aus Fachverantwortlichen und Geschäftsführung eingebunden, in denen die wesentlichen operativen und strategischen Unternehmensentscheidungen vorbereitet und entschieden werden. Wenngleich diese „Arbeitssitzungen" nicht die formale Bedeutung von Vorstandssitzungen bei Aktiengesellschaften besitzen, haben sie doch eine zentrale Bedeutung für die Entscheidungsfindung. Zur frühzeitigen Einbindung der Arbeitnehmervertreter nehmen in einigen Betrieben die Betriebsratsvorsitzenden an diesen Sitzungen teil und können hier auch eigene Ideen thematisieren. Zusätzlich zu dieser Gremienmitwirkung besitzen Betriebsratsvorsitzende außerdem einen, teilweise institutionalisierten, direkten Zugang zur Geschäftsführung.

In großen Kapitalgesellschaften verfügen Arbeitnehmervertreter durch die dort einzurichtenden Aufsichtsräte mit Arbeitnehmerbeteiligung über eine zusätzliche Informations- und Machtressource bei der Mitgestaltung des betrieblichen Innovationsgeschehens. Die Innovationsarbeit im Aufsichtsrat fokussiert sich allerdings weniger auf einzelne Innovationsprojekte als vielmehr auf die Festlegung der grundsätzlichen Unternehmensstrategien und die Sicherung der finanziellen und belegschaftsbezogenen Rahmenbedingungen:

> „Wir haben schon immer auf Aufsichtsratsebene über die Frage Forschung diskutiert. Wie viel Geld gibt das Unternehmen für die Forschung und Entwicklung aus. Insbesondere haben wir uns das auch immer im Vergleich zu anderen Unternehmen angeguckt." (Betriebsrat und Aufsichtsratsvertreter aus C-5)

Die rechtlichen Grundlagen des Betriebsratshandelns gewähren den Betriebsräten zwar eine Vielzahl von Informations- und Beratungsrechten, ihre Wirkung entfalten sie vielfach jedoch erst durch die Kombination mit „echten“ Mitbestimmungsrechten im Sinne politischer Verhandlungsstrategien, beispielsweise in „Kompensationsgeschäften“ nach dem Prinzip „do ut des“. Hierfür geben wir ein Beispiel:

Im Zuge der Einführung neuer Bearbeitungsmaschinen im Maschinenbauunternehmen M-4 wurden die Mitarbeiter in der neuen Technologie geschult. Dabei zeigte sich, dass die Erwartung der Betriebsleitung hinsichtlich der Schulungsdauer für bestimmte ältere Mitarbeiter nicht eingehalten werden konnte. Statt – wie von der Geschäftsführung geplant – auf andere Mitarbeiter zurückzugreifen, insistierte der Betriebsrat auf verlängerte Schulungszeiten für die Betroffenen.

> „Wir haben denen gesagt, wenn der jetzt nicht mehr Zeit bekommt mit den entsprechenden Schulungen, dann braucht der Betriebsleiter für seinen Bereich keine Überstunden mehr zu beantragen! Die gibt's dann nicht mehr.“

Die auch von den Arbeitgebern durchaus positiv eingeschätzten Mitbestimmungsmöglichkeiten der Betriebsräte drohen jedoch mitunter in einem formalen Mitbestimmungszwang zu enden und in eine innovationsverzögernde Regelorientierung abzugleiten. Statt auf die inhaltliche Auseinandersetzung über Sachfragen konzentrieren sich die Streitpunkte dann auf die Einhaltung bestimmter Fristen und anderer formeller Anforderungen an die Kooperation:

> „Der Betriebsrat erwartet von mir, dass ich mit meinen Themen immer fristgerecht vor der Sitzung fertig bin, was aber nicht immer möglich ist. Häufig ist dann aber die einzige Reaktion auf unsere Vorschläge, denen sie inhaltlich voll zustimmen: Warum kriege ich das erst heute? Worüber reden wir? Reden wir hier über feste Zeiten, reden wir hier über Regelkommunikation oder reden wir über Flexibilität, die beide Seiten brauchen?“

Dieses exemplarische Statement eines Managementvertreters verdeutlicht ein Dilemma vieler Betriebsräte: Das Festhalten an der Einhaltung bestimmter formeller Abstimmungsprozesse schafft Sicherheit und Legitimität für die Betriebsräte, kann aber das Kooperationsklima zwischen Betriebsrat und Geschäftsführung beeinträchtigen und damit die Wirksamkeit des Betriebsratshandelns einschränken (vgl. zu diesem Dilemma Blauth 2007)

Hilfsmöglichkeiten und funktionierende Kooperationsstrukturen bilden letztlich aber nur die Voraussetzungen für ein verstärktes Innovationsengagement der Betriebsräte – sie laufen jedoch ins Leere, wenn bei Betriebsräten dieses Engagement nicht gewollt wird bzw. nur eine niedrige Priorität besitzt. Hierfür ist es notwendig, dass in den Betriebsräten selbst entsprechende Arbeitsstrukturen geschaffen werden.

6.3.2 Motivation als Basis betriebsrätlichen Innovationshandelns

Die Stärkung der innovatorischen Fähigkeiten von Betriebsräten wird jedoch allein nicht ausreichen, sie auch tatsächlich zu einem verstärkten Engagement für die Unterstützung einer innovationsförderlichen Organisation zu bewegen. Die Interessenvertreter müssen zunächst das Handlungsfeld „Innovation“ für sich entdecken und besetzen wollen. Die entsprechende Motivation muss vorhanden sein – nicht nur bei den Betriebsratsvorsitzenden, sondern im gesamten Gremium. Betriebsräte müssen zunächst eine positive Einstellung zu betrieblichen Veränderungen und Innovationen entwickeln und diese als notwendige Voraussetzung für die langfristige Unternehmensentwicklung akzeptieren. Die Fallstudien zeigen, dass hier in den letzten Jahren, gefördert auch durch Generationswechsel in den Betriebsräten, ein Umdenken stattgefunden hat.

Letztlich gehen gerade hier zahlreiche Spannungsfelder mit betriebsrätlichem Innovationshandeln einher. So können bei vom Betriebsrat mitgetragenen Innovationen unangenehme Konsequenzen bei den betroffenen Mitarbeitern entstehen: Nicht immer ist es möglich, wegfallende Arbeitsplätze durch Mehrumsatz und innerbetriebliche Stellenumbesetzungen aufzufangen. Für Betriebsräte, deren oberstes Ziel die Beschäftigungssicherung darstellt, ist es eine hohe Hürde, den Wegfall von Arbeitsplätzen hinnehmen zu müssen:

> „Da muss ich eine Kosten-Nutzen-Rechnung als Betriebsrat anstellen. Wenn die Entlassungen von zwei Leuten – und es tut mir um jeden Kollegen leid, den wir verloren haben! – dazu beitragen, dass 2.000 weitere einen sicheren Job haben, dann ist das leider so.“ (Stellvertretender Betriebsratsvorsitzender von C-3)

Der Schritt, gegen die Rollenerwartungen als Interessenvertreter zu verstoßen, ist nicht leicht zu gehen.

Dennoch ist es notwendig, dass Betriebsräte, die sich für Innovationen engagieren wollen, auch in der Lage sind, tradierte Schutzpositionen zu verlassen und neue Rollen und Funktionen in Innovationsprozessen zu übernehmen: Zum Beispiel hierfür gereicht der Betriebsratsvorsitzende in C-3 als „Teamleader“ einer Projektgruppe im Kaizen-System oder der Betriebsrat von M-4, der die Betreuung des nicht-tätigkeitsgebundenen Fortbildungs- und Personalbetreuungsprogramms übernommen hat und so Freiräume für die Mitarbeiter schafft beziehungsweise die fachübergreifende Wissensentwicklung im Unternehmen und damit die Verbreiterung des betrieblichen Innovationspotenzials unterstützt.

Inwiefern die Bereitschaft zu innovativem Engagement bei Betriebsräten ausgeprägt ist, hängt auch von den Vorerfahrungen aus der Interaktion mit dem Management ab. Konnte sich der Betriebsrat in der Vergangenheit auf Absprachen mit dem Management verlassen, so ist davon auszugehen, dass auch in weiteren Innovationsprojekten ein Vertrauensvorschuss ein konstruktives Miteinander erleichtern wird. Negative Erfahrungen hingegen blockieren als „Sand im Getriebe“ zukünftige gemeinsame Aktivitäten.

Wenn etwa im Maschinenbauunternehmen M-7 der Betriebsrat die Einführung von Gruppenarbeit und KVP auch wegen der Zusage aktiv unterstützt, dass die Mitarbeiter an den Effizienzgewinnen beteiligt werden und mit der Einführung der neuen Arbeitsorganisation gerade kein Stellenabbau verbunden werde und dann erlebt, dass die Beteiligung der Mitarbeiter entfällt und gleichzeitig 5% der Belegschaft entlassen werden sollen, dann ist es verständlich, wenn der Betriebsrat zukünftig derartige Innovationsinitiativen ablehnt und sich verstärkt auf Schutzpositionen zurückzieht:

> „Da gab's dann diese 13 Elemente im Reorganisationsprozess und es waren auch einige dabei, wo die Mitarbeiter hätten beteiligt werden müssen. Und als diese dann nicht umgesetzt worden sind, da hat sich der Betriebsrat aus dem Lenkungsausschuss verabschiedet. Und ein halbes Jahr nach der Einführung von Gruppenarbeit und KVP sollten dann 106 gewerbliche Arbeitnehmer entlassen werden. Da war der Prozess dann sofort tot.“ (Betriebsratsvorsitzender von M-7)

Jenseits der Bereitschaft von Betriebsräten, auf vom Management initiierte Innovationsprozesse positiv bis unterstützend einzugehen, liegt die nächste „Motivationsschwelle“ auf der Ebene eigener Initiativen im Innovationsbereich. Hier sind Konflikte in der Prioritätensetzung zwischen dem Tagesgeschäft und dem Einbringen in Innovationsprozesse zu überwinden: Geht die Vertretung der aktuellen Interessen der dominierenden Mitarbeitergruppen immer vor?

Proaktives kontinuierliches Innovationsengagement der Betriebsräte wird sich nur entfalten und verstetigen, wenn es auf eine positive Resonanz innerhalb des Betriebes trifft – sowohl beim Management als auch bei der Belegschaft. Betriebsräte, deren Innovationsideen fortlaufend abgelehnt werden oder auf starke Widerstände in der Belegschaft treffen, werden dieses Engagement wohl wieder einstellen und sich verheißungsvolleren Themenfeldern zuwenden oder sich zukünftig auf die reaktive Bearbeitung von Managementvorschlägen zurückziehen.

6.3.3 Organisatorische Rahmenbedingungen als Basis betriebsrätlichen Innovationshandelns

Damit sich Betriebsräte motiviert und kenntnisreich in die Unternehmensentwicklung einbringen, müssen die organisatorischen Rahmenbedingungen dies auch zulassen. Grundvoraussetzung ist dabei eine gewisse Attraktivität, sich überhaupt in der betrieblichen Interessenvertretung zu engagieren. In zahlreichen Unternehmen fehlt es aber an der Bereitschaft zur aktiven Betriebsratsarbeit. Motivierte und engagierte Betriebsräte sind eine knappe Ressource – von der Bereitschaft zur Mitgestaltung von Innovationen ganz zu schweigen. Betriebsratsvorsitzende aus den Fallstudienbetrieben charakterisieren wiederholt die problematische Teilnahmemotivation einzelner Betriebsratsmitglieder. Ein Beispiel:

> „Viele machen es nur, weil sie dann den besonderen Kündigungsschutz kriegen. Aber das sind ja ehrlich gesagt nicht die Leute, die man im Betriebsrat haben will. Ich will Leute haben, die mitarbeiten, die mitdenken und die auch mitziehen, sonst bleibt die Arbeit im Betriebsrat an drei Leuten hängen, die dummerweise auch noch einen Zweitjob haben." (Betriebsratsvorsitzender von I-5)

In Kombination mit fehlenden Freistellungen führt eine derartige Zusammensetzung des Betriebsrats zur Überlastung der wenigen aktiven Mitglieder, die dann nur noch die Abarbeitung des Tagesgeschäfts und kein weitergehendes innovatives Engagement bewältigen können. Neben dem notwendigen Wissen und der Bereitschaft, sich für Innovationen zu engagieren, kommt es deshalb auch darauf an, betriebsratsintern die notwenigen Strukturen und Prozesse zu etablieren.

Das beginnt damit, das Thema „Innovation" als regelmäßiges Thema auf der Agenda der Betriebsratssitzungen zu verankern. Angesichts knapper Betriebsratsressourcen gilt es zudem, Themen zu „personifizieren" und den entsprechenden Betriebsratsmitgliedern die notwendigen Freiräume durch Entlastung von anderen Betriebsratsaufgaben zu geben. Aufgabe dieser Verantwortlichen wäre es dann, die innovationsrelevanten Themen und Informationen zu sammeln und zu bewerten.

Des Weiteren können sie ein betriebsratsinternes Projektmanagement initiieren, das den Verlauf betrieblicher Innovationsprojekte begleitet, innovationsspezifische Absprachen mit dem Management aushandelt und deren Umsetzung verfolgt. Innovationshandeln erfordert Flexibilität, kurze Entscheidungswege und ein hohes Maß an Entscheidungsautonomie.

Betriebsräte, die sich stärker in das betriebliche Innovationsgeschehen einbringen wollen, wenden diese Gestaltungsprinzipien auch in ihrer eigenen Betriebsratsarbeit an. Sie erhalten so mehr Glaubwürdigkeit bei den Innovationsarbeitern. So wie der Betriebsratsvorsitzende von C-3, der im Zuge der Einführung des Produktionssystems seine eigenen Arbeitsstrukturen geändert hat, um die Umsetzungsprozesse im Rahmen des Produktionssystems nicht zu behindern:

> „Ich habe dann per E-Mail die Betriebsräte darüber informiert und habe gesagt, wenn ihr Bedenken habt, meldet euch bei mir, bitte in 24 Stunden. Da haben wir unseren Prozess schon angepasst. Weil wir normalerweise in 14-tägigem Rhythmus die Sitzungen haben. Wir haben aber gesagt, das ist für das Produktionssystem mit der unheimlichen Geschwindigkeit zu langsam."

Um sich aktiv mit eigenen Innovationsbeiträgen zu positionieren, ist eine weitere Professionalisierung in diesem Bereich erforderlich. In diesem Sinne ist auch die Äußerung eines Betriebsratsmitglieds zu verstehen, der auf die Interviewfrage, worin denn der Beitrag des Betriebsrats zur Innovationsfähigkeit des Betriebes besteht, unter anderem antwortete: „Wir selbst sind als Betriebsratsgremium innovativ!“ (BR-Mitglied von C-5)

Eine aktivierende Einbindung von Betriebsratsmitgliedern, die hilft, Potenziale neu zu denken oder Lösungen für morgen zu erkennen, kann dazu beitragen, dass die Position des Betriebsrats im Innovationsgeschehen weiter an Bedeutung gewinnt.

7 Betriebliche Innovationsfähigkeit: Welche Rolle spielen die Betriebsräte?

Eine Orientierungshilfe im Mitbestimmungsfeld „Innovation“

7.1 Innovation: (k)ein Handlungsfeld für Betriebsräte?

Die fortschreitende Globalisierung der Märkte setzt Unternehmen unter stetigen Anpassungs- und Veränderungsdruck, der durch krisenhafte Turbulenzen noch verschärft wird. Das schillernde Schlagwort „Innovation“ stiftet vor diesem Hintergrund raschen Konsens: Um der Abwärtsspirale reiner Kostenkonkurrenz zu entgehen, gelten neue und bessere Produkte, Dienstleistungen und Prozesse als Schlüsselelemente nachhaltiger Wettbewerbsfähigkeit. Während Bekenntnisse zur Innovation im politischen Diskurs und in Managementzirkeln routiniert beschworen werden, ist weniger klar, ob und wie Innovation ein zentrales Handlungsfeld für die betriebliche Mitbestimmung darstellen kann. *Sollten sich auch Betriebsräte für Innovationen und Innovationsfähigkeit engagieren?*

Viele Betriebsräte standen Innovationen lange Zeit eher skeptisch gegenüber, brachten Innovationen mit Rationalisierung und Arbeitsplatzvernichtung in Verbindung. Aktuelle Studien belegen jedoch, dass ein Umdenken in den Köpfen stattgefunden hat, denn die meisten Betriebsräte sind gegenüber Innovationen grundsätzlich positiv eingestellt! Gute Gründe sprechen für eine wachsende Innovationsorientierung von betrieblichen Interessenvertretern: (1) In innovationsaktiven Betrieben sind durchschnittlich höhere Raten an außertariflichen Lohnsteigerungen zu verzeichnen und (2) innovationsstarke Unternehmen sind eher in der Lage, Beschäftigung zu sichern. Dieses Argument ist auch mit Daten der WSI-Betriebsrätebefragung 2008/2009 zu unterstützen.

Vor dem Hintergrund einer für die Samplebetriebe im relevanten Zeitraum insgesamt positiven Beschäftigungsentwicklung (Gesamt: 40,3%) weisen die Gruppen der „Produkt-/Dienstleistungsinnovatoren“ und „Mehr-Ebenen-Innovatoren“ noch deutlich höhere Anteile (49,3% und 48,6%) von Betrieben mit gestiegener Beschäftigtenzahl auf. Dennoch wird auch deutlich, dass selbst innovationsstarke Unternehmen vor Beschäftigungsverlusten nicht gefeit sind.

Weitere Studien belegen zudem zwiespältige Auswirkungen von Innovationen: Neben höherer Beschäftigungssicherheit können Innovationen außerdem Arbeitsverdichtung, gestiegene Leistungsanforderungen und zunehmenden Arbeitsstress für die Fach- und Führungskräfte bedeuten (vgl. Ziegler 2010).

Tab. 19: Betriebliches Innovationsverhalten und Beschäftigung

„Wie hat sich die Zahl der Beschäftigten in den letzten drei Jahren verändert?“

	nach dem betrieblichen Innovationsverhalten:					
	Nicht-Innovat.	*Weiterent-wickler*	*Einführg. produkt-naher DL*	*Produkt-/DL-Innovat.*	*Mehr-Ebenen-Innovat.*	Gesamt
gestiegen	*20,6*	*36,4*	*39,5*	*49,3*	*48,6*	40,3
unverändert	*37,3*	*35,4*	*35,0*	*26,4*	*27,1*	32,6
gesunken	*42,1*	*28,2*	*25,5*	*24,4*	*24,3*	27,0
	100,0	100,0	100,0	100,0	100,0	100,0

Statistischer Zusammenhang: Kontingenzkoeffizient: C = ,16; p = ,000

Quelle: WSI-Betriebsrätebefragung 2008/2009, N = 1.698, Angaben in %

Neben den positiven Effekten betrieblicher Innovationsfähigkeit verbleiben Ambivalenzen, die durch Betriebsräte konstruktiv aufzugreifen sind. Beide Szenarien sind Motivation für die Interessenvertreter, sich mit Innovationen und Wegen zur Förderung von Innovationsfähigkeit zu beschäftigen! Mehr noch: Statistisch zu belegen ist, dass in innovationsstarken Unternehmen besonders häufig aktive und engagierte Betriebsräte zu finden sind. Betriebliche Innovationen und Betriebsräte, die sich aktiv einbringen und auch vom Management eingebunden werden (häufig über das gesetzlich vorgeschriebene Maß hinaus!) – das „passt“ offensichtlich gut zusammen.

Diese empirischen Ergebnisse machen deutlich: Innovation ist ein weiteres wichtiges Handlungsfeld für Betriebsräte mit zukünftig noch steigender Relevanz. Wenn Betriebsräte in diesem Bereich mitgestalten und sich für Innovationsfähigkeit engagieren wollen, handeln sie im wohlverstandenen Interesse ihrer Klientel.

Um dieses Gestaltungsfeld besser zugänglich zu machen, wird im Folgenden zur Strukturierung der Betriebsratsarbeit eine Orientierungshilfe entwickelt. Der Bezugspunkt „Innovation“ umfasst dabei weit mehr als die Entwicklung von „technischen Weltneuheiten“: Es geht auch um Verbesserungen im Alltag und um die Unterstützung der Umsetzung von Veränderungsprozessen. Bei der Mitgestaltung von „innovationsförderlichen Rahmenbedingungen“ werden sich vielfach Synergien mit anderen Themen („Gute Arbeit“) ergeben, die für Betriebsräte oft schon „gesetzt“ sind. Zwei Vorbemerkungen sind für ein Engagement von Betriebsräten wichtig:

(1) Das Thema „Innovation“ ist für Betriebsräte im Kern ein zusätzliches Handlungsfeld neben den tradierten, auf den Schutz von Interessen bezogenen betriebsrätlichen Kernaufgaben.

(2) Wenn Mitbestimmung die Mitgestaltung von Innovation umfassen soll, ist eine auf Partizipation gerichtete Zusammenarbeit mit dem Management Voraussetzung. Nicht alle Interessenvertreter treffen jedoch auf eine kooperationsorientierte Geschäftsführung. Auch für Betriebsräte in konfliktreichen Konstellationen ist es möglich, eigenständige Ideen für Innovationen zu entwickeln.

Die Gliederung dieser Orientierungshilfe weist drei Teile auf: Nach den skizzierten Argumenten zur *Motivation,* warum sich Betriebsräte mit Innovation beschäftigen sollten, gibt das folgende Kapitel Impulse zur konstruktiv-kritischen Reflexion der Innovationsfähigkeit des Unternehmens und möglicher Leistungsbeiträge von Betriebsräten: Wie kommt das Neue in den Betrieb – und was kann der Betriebsrat dazu beitragen? Ein weiteres Kapitel stellt einen Kurzfragebogen als ein Tool zur Analyse der Ausgangslage im Betriebsratsgremium vor: „Wo stehen wir beim Thema Innovation?“ Auf dieser Grundlage kann eine Agenda für die zukünftige *Positionierung* im Betriebsratsgremium erarbeitet werden.

7.2 Wie kommt „das Neue“ in den Betrieb – und was können Betriebsräte dazu beitragen?

Unter dem Druck des Tagesgeschäfts wird in Unternehmen bisweilen vernachlässigt, die Geschäftsfelder, Produkte und Prozesse von morgen vorzubereiten. Unternehmen geraten dann unter Innovationsdruck, z.B. durch aggressives Verhalten von Wettbewerbern oder durch eine unbefriedigende Umsatz- oder Kostenentwicklung. Um diesem Innovationsdruck rechtzeitig zu begegnen, suchen Unternehmen nach Neuerungen – nicht nur bei Produkten, Dienstleistungen und technischen Produktionsprozessen, sondern auch in den Bereichen Arbeitsorganisation und Personalpolitik.

Doch nach Absichtserklärungen („Wir müssen neue Produkte entwickeln! Wir müssen die Fertigung modernisieren!“) folgt die eigentliche Herausforderung des Innovierens – denn Innovationen fallen nicht vom Himmel und sind nicht durch Patentrezepte zu erschließen. Um nicht – den vielzitierten „Lemmingen“ gleich – Moden und Trends hinterherzulaufen, ist eigene Orientierung erforderlich: Denn innovativ ist nur, wer sich mit neuen Produkten, Dienstleistungen und Prozessen wirkungsvoll von der Konkurrenz abzusetzen vermag. Zwei Perspektiven sind bei der *Suche nach eigener Orientierung* hilfreich:

(1) Die Frage „Zur Lösung welcher Probleme können wir die Stärken unseres Betriebes noch einsetzen?“ kann auf *neue Anwendungsfelder und neue Märkte* hinweisen.

(2) Die Frage „Welche *Bedarfe oder Probleme unserer Kunden* können wir noch abdecken und lösen?“ kann zu bisher unerkannten Innovationsmöglichkeiten führen.

Neben dieser Beschäftigung mit neuen Produkten, Dienstleistungen und den Märkten für morgen sind analoge Suchmuster auch für andere Innovationsarten sinnvoll. So kann die Analyse von typischen Beschwerden, Engpässen oder Verbesserungsideen aus der Belegschaft innovatorischem Handeln die Richtung weisen. Erst nach dieser dominant wichtigen *Orientierungsphase* folgen als weitere Schritte: die Entwicklung konkreter Ideen, das Bewerten und Auswählen von Ideen und schließlich die konsequente Umsetzung von Ideen zur Innovation.

Abb. 23: Typische Phasen im Innovationsprozess

Vor diesem Hintergrund geht es um diese Fragen: Welche Rolle in der betrieblichen „Innovationskultur“ können Betriebsräte übernehmen? Was können Betriebsräte zur Innovationsfähigkeit beitragen?

Von Betriebsräten ist kaum zu erwarten, dass sie die Produkte, Dienstleistungen und Märkte von (über-)morgen erfinden – auch wenn hierfür durchaus Erfolgsbeispiele aus der praktischen Betriebsratsarbeit vorliegen! – oder die strategische Führungsarbeit des Managements leisten. Betriebsräte sind in erster Linie Interessenvertreter und keine „Co-(Innovations-)Manager“! Gleichwohl bestehen Ansatzpunkte, sich in die Bearbeitung von Innovationsaufgaben einzubringen. Damit Innovationen nicht nur auf „glücklichen Zufällen“ beruhen oder „seltene Ausnahmen“ bleiben, ist es notwendig, geeignete organisatorische und personalpolitische Rahmenbedingungen zu schaffen. Diese Rahmenbedingungen innovationsförderlich mitzugestalten, ist originäre Aufgabe von Betriebsräten.

Die folgenden Anregungen zu Innovationsbeiträgen von Betriebsräten strukturieren wir als so genannte „Module“, orientiert an idealtypischen Phasen von Innovationsprozessen. Die Kennzeichnung als „Module“ trägt dabei dem Umstand Rechnung, dass reale Innovationsprozesse nur vereinfachend und aus pragmatisch-didaktischen Gründen als linear-sequenzielle, in abgrenzbare Phasen einzuteilende Vorgänge darzustellen sind.

7.2.1 Modul „Orientierung schaffen und Impulse geben!"

Die Suche nach Neuerungen vollzieht sich vor dem Hintergrund unternehmerischer Zielsetzungen. Auch wenn die Formulierung und Festlegung der Unternehmensstrategie eine unternehmerische Entscheidung ist und sich der Mitbestimmung verschließt, haben *Betriebsräte über Wirtschaftsausschüsse die Möglichkeit, beratend Einfluss zu nehmen. Betriebsräte in Aufsichtsräten verfügen sogar über direkte Mitbestimmungsmöglichkeiten.* Innovationsorientierte Unternehmensstrategien legen Ziele, Suchfelder und Entwicklungspfade für die Zukunft fest. Wenn die Unternehmensstrategie bei der Belegschaft *Orientierung schaffen und Impulse geben* soll, so muss die Ausrichtung für morgen verstehbar kommuniziert und in den Diskurs mit der Belegschaft eingebracht werden.

Betriebsräte, die in formellen und informellen *Informationsgesprächen*, aber auch auf *Betriebsversammlungen* Informationen bündeln und an die Belegschaften weitergeben, tragen dazu bei, den Mitarbeitern die strategischen Pläne des Unternehmens und potenzielle Suchfelder für Ideen transparent zu machen. Gleichzeitig erhöht innerbetriebliche Transparenz die Einsicht in Innovationsnotwendigkeiten und fördert damit die Innovationsbereitschaft der Belegschaften. Dabei ist jedoch vor der Gefahr einer Informationsüberflutung zu warnen – Informationen müssen quantitativ und qualitativ richtig „dosiert" werden. In manchen Betrieben wurde deshalb die *„Information des Tages"* etabliert, bei der jeweils eine wichtige Nachricht (über neue Produkte, Kundenaufträge, aber auch Fortbildungstermine etc.) auf den Startseiten des Intranets oder auch über Projektionsflächen direkt in den Produktionshallen zu sehen ist.

Innovationsorientierte Betriebsräte sorgen auch dadurch für innerbetriebliche *Transparenz*, dass sie z.B. in Abstimmung mit der Geschäftsführung die Ergebnisse von Verbesserungsprojekten im Rahmen von Gruppenarbeit oder Kaizen-Workshops unternehmensweit verbreiten und so Impulse – im Sinne der Integration von neuen Lösungen in analoge Anwendungsfelder – für die dezentrale Ideenentwicklung liefern.

Box 1: Modul „Orientierung schaffen und Impulse geben!"

Betriebsräte, die Orientierung schaffen und Impulse geben wollen ...

- machen Innovationen einzelner Bereiche im gesamten Unternehmen bekannt,
- nutzen Betriebsversammlungen für Appelle zur aktiven Teilnahme am betrieblichen Innovationsgeschehen und zur Information der Belegschaft über relevante Trends für das Unternehmen,
- sammeln relevante Informationen aus dem Betrieb, aus dienstlichen und privaten Netzwerken und geben diese an die Belegschaften weiter,
- sorgen für eine Beteiligung von Interessierten an Messen und Kongressen.

Betriebsräte verfügen über zahlreiche formelle oder informelle Kontakte und damit verbundene Informationsmöglichkeiten. Dazu gehört häufig auch ein dichtes Beziehungsgeflecht zu anderen Betriebsräten, Gewerkschaftsvertretern und Beratungsunternehmen. Diese *Netzwerke* können sie nutzen, um sich selbst Orientierung zu verschaffen und Impulse für die Initiierung von Innovationsprozessen zu erhalten: Vernetzung schafft Wissen – und Wissen ist Macht! Dabei können auch Netzwerke und Kontakte zu den Betriebsräten von Kunden- oder Lieferantenunternehmen geknüpft werden, um auf diesem Weg Informationen über geplante Entwicklungen und damit Impulse für eigene Innovationsideen zu erhalten.

Durch die informellen Kontakte zur Belegschaft erhalten Betriebsräte vielfältige *Beschwerden und Hinweise auf betriebliche „Missstände“,* die dem Management häufig verborgen bleiben. Auch das so genannte „Meckern“ landet häufig zunächst beim Betriebsrat. Dessen Herausforderung liegt dann darin, durch die emotionale Schicht des „Meckerns“ auf das dahinterliegende Sachproblem zu schauen. Nicht selten wird dabei deutlich werden, dass vermeintliche „Meckerer“ kompetente und im Kern loyale Betriebsmitglieder sind, die von desinteressierten, „auf Abruf“ stehenden Mitarbeitern klar zu unterscheiden sind. Betriebsräte wissen nicht unbedingt „mehr“ als das Management – verfügen aber über exklusive Informationen aus anderen Kommunikationskanälen. Betriebsräte können Beschwerden gezielt sammeln und daraufhin untersuchen, ob diese das Potenzial für Innovationsideen bieten.

Zu den Grundlagen der Sicherung innovatorischer Beweglichkeit in frühen Phasen des Innovationsprozesses gehört auch die Argumentation für ausreichende *Etats für Forschung und Entwicklung.* Insbesondere in Krisenzeiten sollten Betriebsräte darauf achten, dass langfristig orientierte Etats nicht kurzfristigen Ertragsüberlegungen zum Opfer fallen. Abgeleitet aus der allgemeinen Innovationsstrategie gilt es zudem, eine Personalentwicklungsstrategie zu formulieren, die die unternehmerischen Ziele auch langfristig unterstützt und ermöglicht.

In Summe illustrieren diese Beispiele, dass der Betriebsrat auf zwei Ebenen die Orientierungsphase unterstützen kann:

– Einerseits kann der Betriebsrat Innovationsimpulse in den unterschiedlichen Bereichen aufnehmen (Beschwerden von Kunden, Entwicklungen bei Zulieferern, „Meckern“ über Missstände im Unternehmen), auswerten, bündeln, zu Innovationsfeldern formieren und dem Management kommunizieren. Dabei wird es darauf ankommen, dass mit diesen Innovationsfeldern – auch wenn sie auf Fehlern, Beschwerden oder Missständen beruhen! – Chancen eröffnet werden.
– Andererseits kann der Betriebsrat dazu beitragen, orientierende Informationen und Rahmenbedingungen, die den Suchraum für Innovationen eingrenzen und dadurch Richtung geben, in die Belegschaft zu tragen. Auch hier

gilt es, die Informationsaufbereitung und -verbreitung so zu gestalten, dass sie von der Belegschaft wahrgenommen und für das eigene Arbeitsfeld übersetzt werden können.

Auf beiden Informations- und Kommunikationsebenen kommt dem Betriebsrat mithin eine komplexe „Übersetzungsaufgabe" zu, um die Orientierung für Innovationen mit Überzeugungskraft zu unterstützen.

7.2.2 Modul „Konkrete Ideen für Innovationen entwickeln!"

Nach der Festlegung von Suchfeldern gilt es, konkrete Ideen für neue Produkte, Märkte oder Prozesse zu entwickeln: Die Belegschaften wissen häufig nur zu gut, wo Veränderungs- und Verbesserungspotenziale liegen – es kommt nur darauf an, diese zu „heben". Kreative Ideen können jedoch kaum „auf Kommando" erzeugt werden – man muss hierfür „den Zufall provozieren" und Gelegenheiten schaffen. Betriebsräte können Freiräume schaffen, die Belegschaftsmitglieder nutzen, um Ideen zu entwickeln: Sie können sich dafür einsetzen, dass die Teilnahme an Fachmessen oder Informationsveranstaltungen nicht nur einem kleinen Kreis von „befugten" Mitarbeitern, sondern prinzipiell allen engagierten Belegschaftsmitgliedern offen steht.

Box 2: Modul „Konkrete Ideen für Innovationen entwickeln!"

Betriebsräte, die konkrete Innovationsideen fördern wollen ...

- unterstützen innovationsbereite Mitarbeiter bei der Darstellung ihrer Ideen zur Erfüllung formaler Voraussetzungen im BVW,
- fördern das Innovationsgeschehen durch Ideenwettbewerbe,
- kontrollieren die Effizienz und Effektivität der Anreizsysteme für Innovation (BVW, Leistungsprämien, Personalbeurteilung),
- verbreiten Wissen über Kreativitätstechniken durch Angebote in der betrieblichen Weiterbildung.

Über das Schaffen von „Gelegenheiten" hinaus kann die Ideensuche durch geeignete Methoden unterstützt werden. Diese umfassen sowohl methodische Ansätze in Form von Kreativitätstechniken oder auch organisatorische Maßnahmen wie Qualitätszirkel sowie immer stärker die Einbeziehung externer Ideen über „Open Innovation"-Ansätze. Dazu zählen auch intelligente Formen des Lernens von der Konkurrenz (nach dem Motto: „Einer guten Idee ist es egal, wer sie als erster hatte."). In diesem Aufgabenfeld liegen aber vor allem die Schnittstellen zu innovationsförderlichen Rahmenbedingungen, über die Betriebsräte die Voraussetzungen kreativen Arbeitens beeinflussen können.

Eine hohe Anzahl von Ideen ist jedoch noch kein Garant für den Erfolg von Innovationsprojekten. Wenn man berücksichtigt, dass weniger als 10% der in den Unternehmen vorangetriebenen Ideen zu einem kommerziellen Erfolg werden, ist das zugleich ein nochmaliges Plädoyer für eine sorgfältige Orientierung: Klar definierte Suchfelder unterstützen zieladäquate Suchprozesse und senken dadurch die „Flop-Rate" von Innovationsideen.

Um das Innovationsengagement der Belegschaften zu fördern, entwickeln Betriebe vielfältige Anreizsysteme. Neben dem weit verbreiteten Betrieblichen Vorschlagswesen geht es aber auch um innovationsorientierte Leistungslohnkomponenten, Grundsätze für die Mitarbeiterbeurteilung und verschiedene Incentive-Bausteine. Diese Anreizsysteme müssen kontinuierlich auf Effizienz und Effektivität geprüft und zielorientiert angepasst werden – Aufgaben, bei denen Betriebsräte eine wichtige Rolle übernehmen können:

- So zeigt sich im BVW, dass überlange Bearbeitungszeiten von Vorschlägen, unklare Ablehnungsentscheidungen und Differenzen über die Prämienhöhen in vielen Betrieben demotivierende Effekte bei den Belegschaften erzeugen. Innovationsorientierte Betriebsräte versuchen nicht nur durch ihr Engagement für einzelne Vorschläge das individuelle Vorschlagsverhalten zu fördern – bis hin zu Hilfestellungen bei der Formulierung und Darstellung konkreter Ideen –, sondern sie kümmern sich auch um die Gestaltung des Ideenmanagements als Gesamtsystem: Sie achten auf Formales, initiieren aber auch belebende Aktionen wie etwa wechselnde thematische Schwerpunkte im Ideenmanagement.
- Neben dem BVW gibt es weitere Möglichkeiten, das Innovationsengagement der Belegschaften zu fördern. Prozesstechnische und arbeitsorganisatorische Verbesserungen oder die Erhöhung der Arbeitssicherheit lassen sich auch durch innovationsorientierte Leistungsprämien fördern, wodurch die Mitarbeiter ebenfalls an Effizienzverbesserungen, die sie selbst initiiert haben, beteiligt werden. Betriebsräte, die sich für eine derartige Prämiengestaltung einsetzen, erhalten damit eine Möglichkeit, das Innovationsverhalten der Mitarbeiter dauerhaft zu fördern.

Parallel dazu bestehen Möglichkeiten, das Innovationsverhalten ohne direkten finanziellen Nutzen für die Mitarbeiter über jährliche Mitarbeitergespräche zu fördern. Betriebsräte können das individuelle Innovationsverhalten als Bewertungs- und Zielkriterium bei der Mitarbeiterbeurteilung vereinbaren. Dabei sollte aber die Ideenqualität im Vordergrund stehen (z.B. über Formulierungen wie ‚einen Mehrwert für das Unternehmen über die eigene Arbeitsaufgabe hinaus schaffen').

7.2.3 Modul „Ideen für Innovationen bewerten und priorisieren!"

In vielen Betrieben gilt: An Ideen herrscht kein Mangel – viele Ideen machen jedoch noch keine Innovation. Am Ende der Ideensuche müssen unter Anwendung mehrstufiger Bewertungs- und Auswahlverfahren diejenigen Ideen ausgewählt werden, die letztlich mit Nachdruck umgesetzt werden sollen. Unternehmen können aber nicht jede Idee umsetzen, Selektion tut Not – sonst läuft man Gefahr, sich zu verzetteln und doch nur „Alibiprojekte" zu verwalten. *Doch welche Ideen sind die „richtigen"?*

Hier ist mit einem mehrstufigen Bewertungs- und Auswahlverfahren anzusetzen, das sowohl die Erfolgspotenziale als auch den zur Erreichung erforderlichen Umsetzungsaufwand einbezieht. Häufig gelingt es jedoch nur unzureichend, die Erfolgsaussichten von Innovationsideen zutreffend einzuschätzen. Teure Fehlentwicklungen und Innovationsflops gehen mit grandiosen Fehleinschätzungen des Erfolgs von Neuerungen einher. Echte „Big Ideas", d.h. Ideen, die sich später als außergewöhnlich erfolgreiche Innovationen herausstellen, bleiben frühzeitig in rigiden Kontrollschleifen hängen oder werden erst Jahre später wieder aufgegriffen, wenn Mitbewerber die Ideen bereits in Markterfolge umgesetzt haben. Immer wiederkehrende Fehlerquellen sind dabei:

- die einseitige Ausrichtung an technischen Fragen bei gleichzeitiger Vernachlässigung anderer Faktoren (z.B. Kundenwünsche, Konkurrenzsituation),
- Fehleinschätzungen auf der Basis externer Informationen (z.B. Marktstudien oder Best-Practice-Ratgeber),
- Überschätzung der Überzeugungswirkung der Innovationsidee als „Selbstläufer".

Neben der Einschätzung der Erfolgsaussichten müssen notwendige Veränderungen bei allen an der Umsetzung beteiligten internen und externen Akteuren vorausgedacht werden.

- Hinsichtlich des *personell* bedingten Umsetzungsaufwands sind die Voraussetzungen zu überprüfen und Personalrekrutierung und/oder Personalentwicklungsmaßnahmen zu berücksichtigen.
- Zur Abschätzung des *technisch* bedingten Umsetzungsaufwands sollte man sich schon frühzeitig mit dem notwendigen technischen Equipment für Forschung und Entwicklung sowie den erforderlichen Produktions- bzw. Fertigungstechnologien auseinandersetzen. Sind die technischen Voraussetzungen für die Umsetzung der jeweiligen Innovation verfügbar oder kann die vorhandene Technik auch im konkreten Innovationsfall genutzt werden?
- Der *organisatorisch* bedingte Umsetzungsaufwand ergibt sich aus der Betroffenheit des gesamten Betriebes. Innovationen erfordern vielfach eine Neuordnung von Prozessen, Strukturen und Regelungen auch in anderen Un-

ternehmensbereichen, welche bei der Abschätzung des Umsetzungsaufwands nicht zu vergessen sind.

Vernachlässigte technische, personelle und organisatorische Umstellungserfordernisse sowie Innovationsbarrieren führen nicht selten zu einem viel höheren Umsetzungsaufwand als anfangs gedacht. Wenn man Fehleinschätzungen vermeiden und bereits in den frühen Phasen von Innovationsprozessen zu fundierten Entscheidungsgrundlagen für das Weiterverfolgen oder den Abbruch innovativer Ideen kommen will, wird man sich deshalb mit der gleichen Kreativität und Intensität, mit der man das Erfolgspotenzial einer Innovation überprüft, auch dem notwendigen Umsetzungsaufwand zu widmen haben.

Dabei ist Respekt zu bewahren vor den unterschiedlichen Phasen von Innovationsprojekten. Überzieht man nur vage umrissene Ideen mit rigiden Controlling-Ansätzen, werden möglicherweise hoffnungsvolle Ansätze in frühen Innovationsphasen ausgebremst. Daher sind Bewertungssysteme entsprechend dem Konkretisierungsgrad einer Idee und den zur Verfügung stehenden Informationen zu operationalisieren. Während bei noch schwach konturierten Ideen robuste „K.o.-Kriterien", die etwa die Passfähigkeit zur Unternehmensstrategie oder existenzgefährdende Risiken einbeziehen, einzusetzen sind, müssen sich erste Konzepte einer qualitativen Beurteilung zu den Erfolgsaussichten und dem Umsetzungsaufwand unterziehen und im weiter ausgearbeiteten Stadium den üblichen Wirtschaftlichkeitsrechnungen stellen. Sich in diesem Sinne in die (Weiter-) Entwicklung von Bewertungssystemen für innovative Ideen einzubringen, ist ein Aktionsfeld für Betriebsräte.

Neben diesen auf die Mitgestaltung von Bewertungssystemen ausgerichteten Aktivitäten bietet sich für Betriebsräte die Option, an der Bewertung konkreter Innovationsprojekte beteiligt zu sein. Einen Schwerpunkt stellt dabei die Einbeziehung von Kriterien dar, die Auswirkungen von Innovationen auf die Mitarbeiter berücksichtigen. Durch ihre häufig langjährige Unternehmenszugehörigkeit besitzen Betriebsräte Innenkenntnisse der informellen Netzwerke in den Betrieben und können potenzielle Umsetzungsbarrieren, aber auch Planungsfehler von Innovationen erkennen. Zusätzlich haben Betriebsräte vielfach einen guten Überblick über die unternehmerische Gesamtsituation und können so die Auswirkungen einzelner Innovationsprojekte auf den gesamten Betrieb gut abschätzen („keine Bereichsegoismen").

Als *Advocatus Diaboli* weisen Betriebsräte das Management auf diese Schwachstellen hin und können so den Innovationserfolg durch den Abbau von Innovationsbarrieren unterstützen – auch wenn dieser Innovationsbeitrag von Managementvertretern vielfach erst im Nachhinein gewürdigt und zunächst als lästiges „Herummäkeln" der Betriebsräte betrachtet wird.

Umso wichtiger ist es deshalb, die grundlegende Innovationsbereitschaft des Betriebsrats und die gemeinsamen Innovationsziele von Betriebsrat und Management zu betonen. Betriebsräte müssen deutlich machen, dass vielfach negativ bewerteter „Widerstand“ im Sinne der Sache erfolgt, Innovationen mit Bestimmung für Wettbewerbsfähigkeit und Beschäftigungssicherung voranzubringen!

Box 3: Modul „Ideen für Innovationen bewerten und priorisieren!“

Betriebsräte, die die Bewertung und Auswahl von Innovationsideen fördern wollen

- leisten Formulierungs- und Berechnungshilfe für innovationsbereite Mitarbeiter,
- stellen als Prozesspromotoren Kontakte zwischen innovationsbereiten Mitarbeitern und den Fach- und Machtpromotoren im Betrieb her,
- verstärken Mitarbeiterideen durch formelle und informelle Kontakte zum Management,
- setzen sich als Machtpromotoren für Ideen mit hohem Zukunftspotenzial ein,
- und treten als „Advocatus Diaboli“ auf, um in die Bewertung von Innovationsideen die Perspektiven der Belegschaft einfließen zu lassen.

Aber auch auf einer dritten Ebene kann sich der Betriebsrat in die Bewertung von Innovationsideen einbringen. Vielfach sind Belegschaftsmitglieder nicht in der Lage, Innovationsideen so zu formulieren, dass sie für die Entscheider verstehbar, geschweige denn überzeugend sind. Bei dieser Aufgabe kann der Betriebsrat die Beschäftigten mit *Formulierungshilfen* unterstützen. Sie helfen damit innovationsbereiten Mitarbeitern, formale Kriterien zu erfüllen, die „Sprache der Entscheider“ zu treffen und letztlich die Umsetzungschancen zu erhöhen.

Verfügen Betriebsräte selbst nicht über das notwendige Wissen, sich in dieser Art einzubringen, haben sie zumindest die Möglichkeit, ihre inner- und gegebenenfalls außerbetrieblichen Netzwerke zu aktivieren und auf diesem Weg das benötigte Wissen zu erlangen bzw. als *Prozesspromotoren* die hilfesuchenden Mitarbeiter an geeignete Fachleute innerhalb des Betriebs zu vermitteln.

Betriebsräte können in diesem Kontext auch politisch agieren und sich in besonderen Fällen bei *Machtpromotoren* für die Durchsetzung spezifischer Innovationsideen einsetzen.

7.2.4 Modul „Ideen konsequent umsetzen!“

Auch wenn für die Suche nach neuen Ideen häufig gilt, dass man Bedingungen schaffen kann, um „den Zufall zu provozieren“, sollte die Umsetzung von Ideen, keinesfalls „dem Zufall zu überlassen“ werden, sie erfolgt in verschiedenen Teilschritten. Im Fall von Produktinnovationen sind dies etwa: Forschung und

Entwicklung, Konstruktion, Prototypenbau sowie die Umsetzungsschritte im engeren Sinne, die Aufgaben wie Produktions- und Absatzvorbereitung, Personalentwicklungsmaßnahmen, Beschaffung neuer Materialien und/oder die Erschließung neuer Vertriebskanäle einschließen. Bei Prozessinnovationen kommt es gegebenenfalls zu Layout-Veränderungen, zur Neuaufstellung von Maschinen oder zum Neubau von Vorrichtungen etc.

Die Umsetzungsphase wird mit der Durchsetzungsphase abgeschlossen, die im Wesentlichen die Markteinführung von neuen Produkten bzw. die Implementierung von neuen Prozessen oder Strukturen in Organisationen umfassen. Viele der mit Innovationen verbundenen Probleme treten erst in diesem letzten Stadium zu Tage – wenngleich die Ursachen weitaus früher liegen.

Box 4: Modul „Ideen konsequent umsetzen!“

Betriebsräte, die die Umsetzung von Innovationsideen fördern wollen ...

- sichern individuell abgestimmte Qualifizierungsmaßnahmen,
- fördern den Ausbau der Ausbildungskapazitäten,
- und verankern die Innovationsumsetzung in den Anreizsystemen und bei der Personalbeurteilung

In der Umsetzungsphase zeigt sich, ob inner- und außerbetriebliche Barrieren in der Bewertungs- und Entscheidungsphase ausreichend berücksichtigt wurden bzw. welche zusätzlichen Maßnahmen noch getroffen werden müssen, um den Umsetzungserfolg zu sichern. Spätestens in dieser Phase kommen die mit Innovationsprozessen verbundenen Ambivalenzen zum Tragen:

- Einerseits können mit Innovationen verbundene Konsequenzen zu Arbeitsverdichtung, Personalabbau oder in der Leistungserstellung zu geänderten Kompetenzanforderungen führen; Facetten, die unmittelbar die betriebsrätliche Kernaufgabe des Interessenschutzes betreffen.
- Andererseits eröffnen sich für die Unternehmensentwicklung Chancen zur Steigerung der Wettbewerbsfähigkeit und zur Sicherung von Arbeitsplätzen.

Im Idealfall sind die frühen Phasen von Innovationsprozessen so gestaltet, dass Spannungen und Zielkonflikte weitgehend gelöst sind, bevor die Umsetzungsphasen erreicht werden. In der betrieblichen Realität kommt es hier immer wieder zu Spannungen. Für diesen Fall stehen dem Betriebsrat – neben der dominant wahrzunehmenden Schutzaufgabe – auch diese Hebel zur Verfügung:

- Wenn in der Umsetzungsphase Fehleinschätzungen wirksam werden, kann sich der Betriebsrat als „Mitgestalter“ in die Weiterentwicklung des Umsetzungskonzeptes einbringen.

- Sollte die Akzeptanz in der Belegschaft unzureichend sein, der Betriebsrat aber die Chancen der Innovation positiv einschätzen, kann er sich als „Mittler", aber auch als Unterstützer etwa bei der Teilnahme an erforderlichen Qualifizierungsmaßnahmen einbringen.

Gerade bei der Flankierung von Innovationsprojekten durch Personal- und Organisationsentwicklung liegt ein zentraler Hebel, um sowohl den Projekterfolg zu sichern als auch Mitarbeiterinteressen einzubeziehen.

Nicht nur für Betriebsräte, sondern noch viel mehr für die einzelnen Belegschaftsmitglieder steht dabei die Sicherheit des Arbeitsplatzes an erster Stelle, denn Innovationsprozesse können prinzipiell auch zu Arbeitsplatzverlusten führen. Selbst innovationsstarke Unternehmen sind gegen Beschäftigungsrisiken nicht gefeit! Um langfristigen Innovationsblockaden vorzubeugen, ist es deshalb notwendig, für innerbetriebliche Ersatzarbeitsplätze zu sorgen. Hierzu sollten Betriebsräte die betrieblichen Möglichkeiten des Insourcing, eine Neubewertung von Make-Or-Buy-Entscheidungen, aber auch die Erschließung neuer Absatzmärkte gegebenenfalls durch das Suchen neuer Anwendungsfelder für das bisherige Produktportfolio prüfen. Dies verdeutlicht nochmals die Notwendigkeit, dass sich auch Betriebsräte verstärkt mit Produktinnovationen auseinandersetzen und beschreibt zugleich den wichtigsten Beitrag, den Betriebsräte zur Förderung von Umsetzungserfolgen leisten können.

Beschäftigungssicherung geht dabei häufig mit Qualifizierung Hand in Hand. Aufgabe von Betriebsräten ist es, einerseits diesen Zusammenhang durch entsprechende Vereinbarungen mit der Unternehmensleitung abzusichern und andererseits bei der Belegschaft für die Umsetzung zu sorgen. Das diesbezüglich ausgerichtete Betriebsratshandeln stärkt die Innovationsmotivation im Betrieb und sichert die notwendigen Umsetzungsfähigkeiten. Die aktive Teilnahme an Qualifizierungsmaßnahmen wird auch durch den individuellen Lernerfolg bestimmt. Wer den Umsetzungserfolg von Innovationsprojekten erhöhen will, verfährt deshalb bei der Planung der notwendigen Kompetenzentwicklungsmaßnahmen nicht nach dem „Gießkannen-Prinzip", sondern berücksichtigt individuelle Besonderheiten, wie Alter, berufliche Vorerfahrung oder das individuelle Lernverhalten. Mangelnde Sorgfalt bei der Maßnahmenplanung führt schnell dazu, dass Betriebe viel Geld für Qualifizierungsmaßnahmen ausgeben, ohne dass sich die entsprechenden Lern- und Umsetzungserfolge einstellen.

7.2.5 Modul „Innovationsförderliche Rahmenbedingungen mitgestalten!"

Innovationen werden von Menschen gemacht. Ihre Kompetenzen, also das Zusammenspiel von Können, Wollen und Dürfen, entscheiden über den Erfolg oder Misserfolg von Innovationsprojekten. Hier können sich Betriebsräte zentral einbringen, um die Bedingungen, unter denen Innovationen zustande kommen, positiv zu gestalten:

Damit die betriebliche Innovationsfähigkeit auch langfristig erhalten bleibt, braucht es auf der Ebene der Mitarbeiter nicht nur anforderungsorientierte Qualifizierungsmaßnahmen, sondern auch eine gezielte Weiterentwicklung bestehender Kompetenzen, die es ermöglichen, aktiv Innovationen anzustoßen und umzusetzen. Neben dieser Ausrichtung am Mitarbeiterbestand wird es angesichts des Fachkräftemangels zunehmend darum gehen, die nachhaltige Verfügbarkeit von Kompetenz zu sichern. Einen Schwerpunkt bilden dabei Maßnahmen im Ausbildungsbereich. Hier steht die Sicherung des zukünftigen Fachkräftebedarfs im Vordergrund. Durch den zu beobachtenden Trend zur verstärkten Akademisierung von Berufsbildern müssen Betriebsräte verstärkt die Förderung der Ausbildung für hochqualifizierte Berufe (zum Beispiel über Duale oder Kooperative Studienformen) im Blick haben. Darüber hinaus sollten Betriebsräte verstärkt Maßnahmen für eine frühzeitige Bindung von Studenten an die Betriebe durch den Ausbau von Praktikumsplätzen oder Job-Angeboten für Studenten verfolgen.

Neben der Sicherung der Handlungsfähigkeit geht es auch um die Aktivierung der Bereitschaft, sich in Innovationsprojekten zu engagieren. Aus der Sicht von Betriebsräten beinhaltet das vor allem Fragen der finanziellen Honorierung. Für die Beschäftigten hingegen sind die Wertschätzung für innovatorisches Verhalten und aktivierende Anreize, sich in die Unternehmensentwicklung einzubringen, von zentraler Bedeutung. So ist etwa für „Innovationsarbeiter" aus Forschung und Entwicklung in hohem Maße die Motivation entscheidend, auch eigenen Vorhaben nachgehen zu können. Diese „Steckenpferde" oder „Hobby-Forschungen" können durchaus für das Unternehmen relevant sein: Aus der Innovationsforschung ist bekannt, dass zahlreiche „Big Ideas" – unter anderem erfolgreiche medizinische Wirkstoffe – aus Innovationsvorhaben stammen, die von offizieller Seite bereits abgebrochen, inoffiziell jedoch gleichsam „konspirativ" weiter verfolgt wurden (vgl. Hoffmann 1991, mit weiteren Nachweisen; vgl. auch Michalik 2003).

Neben der Motivation für Innovation ist der Umgang mit Fehlschlägen wichtig – Innovationsprozesse beinhalten immer auch das Risiko des Scheiterns. Dieses Risiko muss allen Betriebsangehörigen bewusst sein. Soll die langfristige Innovationsfähigkeit des Betriebes erhalten werden, dürfen gescheiterten Innovationsarbeitern keine Nachteile – durch Vorgesetzte oder durch Häme im Kollegenkreis – entstehen. Unterstützung auch nach einem gescheiterten Innovationsvorhaben ist ein Betriebsratsbeitrag auf dem Weg zu einer gelebten fehlertoleranten Kultur und einem Unternehmen, dass auch aus eigenen Fehlern produktiv zu lernen vermag (Stichworte „erfolgreiches Scheitern", „Scheiternsproduktivität", vgl. Moldaschl 2007; vgl. auch Kerka 2011).

Box 5: Modul „Innovationsförderliche Rahmenbedingungen"

Mitgestaltung innovationsförderlicher Rahmenbedingungen im Betrieb

- Freiräume schaffen durch arbeitsorganisatorische und arbeitszeitliche Regelungen
- Unterstützung der konsequenten Umsetzung von Innovationsprojekten
- Eine fehlertolerante Unternehmenskultur fördern, das Lernen aus Fehlern und gescheiterten Projekten fördern
- Budgets für Forschung & Entwicklung auch in Krisenzeiten sichern

Die Umsetzung von Innovationen erfolgt häufig neben dem Tagesgeschäft. *Innovative Mitarbeiter benötigen Freiräume,* um Innovationsaufgaben auch tatsächlich erledigen zu können. Über arbeitsorganisatorische und arbeitszeitliche Regelungen – kollektiv, aber auch individualbezogen – können Betriebsräte diese Freiräume schaffen und absichern. Innovatorische Freiräume sind allerdings nicht nur eine Frage der innerbetrieblichen Gestaltungsansätze, sondern müssen auf die außerbetrieblichen Lebensbereiche der Mitarbeiter ausgedehnt werden. Regelungen zur Vereinbarkeit von Beruf und Privatleben können Innovationsrelevanz entfalten, sie sind Teil der betrieblichen Rahmenbedingungen für Innovation. Die Bereitstellung und Sicherung von Freiräumen erfordert in aller Regel die Unterstützung durch Machtpromotoren. Auch an dieser Stelle ist erneut die Macht- und Prozesspromotorenfunktion von Betriebsräten angesprochen.

7.3 Erste Schritte auf dem Weg zur Positionierung im Mitbestimmungsfeld „Innovation"

Betriebsratsengagement in Sachen Innovation wird häufig noch ambivalent gesehen. Die unterschiedlichen Typen zeigen zudem, dass das Aktivitätsniveau in diesem Bereich deutlich differiert. Die Ausgangssituation der Betriebsräte, sich in Innovationsprozesse einzubringen, ist mithin völlig unterschiedlich. Doch wie wollen sich Betriebsratsgremien auf diesem Mitbestimmungsfeld positionieren? Welche Rolle in der betrieblichen „Innovationskultur" wollen sie dabei spielen?

Mit dieser Orientierungshilfe werden Möglichkeiten zur Mitgestaltung des betrieblichen Innovationsgeschehens durch Betriebsräte aufgezeigt. Das setzt die Bereitschaft voraus, vom Management initiierte Veränderungsprozesse zu begleiten und zu beeinflussen, aber auch selbst die Initiative zu ergreifen. Erfahrungen progressiver Betriebsräte zeigen: Je früher sich Betriebsräte beteiligen, desto größere Gestaltungsspielräume haben sie!

Innovation ist für die meisten Betriebsräte jedoch kein Thema von hoher Priorität. Fragt man Betriebsräte, was einem verstärkten Innovationsengagement entgegensteht, zeigt sich: Ein stärkeres Engagement der Betriebsräte scheitert nicht am Widerstand der Arbeitgeberseite, sondern in erster Linie an mangelnden personellen Betriebsratsressourcen. Angesichts beschränkter Ausgangsbedingungen fokussieren Betriebsräte ihre Tätigkeit auf die Bewältigung aktueller Krisensituationen oder auf das Tagesgeschäft. Die „Vordringlichkeit des Kurzfristigen" führt dazu, dass frühes – geschweige denn proaktives – Einbringen in Innovationsaktivitäten auf der Strecke bleibt. Für das Wahren mittel- und langfristiger Arbeitnehmerinteressen durch Betriebsratsinitiativen für Innovationen verbleibt der Rang einer zwar nicht unerwünschten, doch unbeabsichtigten Nebenwirkung des normalen Betriebsratshandelns.

Wollen sich Betriebsräte hier stärker engagieren, müssen sie ihre Betriebsratsarbeit so organisieren, dass genügend Freiräume für die Beschäftigung mit dem Thema Innovation verbleiben – insbesondere in kleineren Unternehmen ohne Freistellungen. Das bedeutet nicht zwangsläufig die Einrichtung eigener „Innovationsausschüsse", es beginnt jedoch damit, das Thema „Innovation" als Tagesordnungspunkt auf die Betriebsratsagenda zu bringen.

Eine eigene Positionierung im gesamten Betriebsratsgremium – und nicht nur von einzelnen „Machern" – ist notwendig, um das anspruchsvolle Mitbestimmungsfeld Innovation kompetent bearbeiten zu können: Welche Rolle im betrieblichen Innovationsgeschehen will man einnehmen? Welche Beiträge will man leisten? Ausgangspunkt für diese Standortbestimmung ist die kritische Reflexion des Ist-Zustandes. Dabei geht es jedoch nicht darum, in einer Bestandsaufnahme im Sinne eines Rechtfertigungsreflexes auf möglichst vollständige Leistungen verweisen zu können („Innovation? – Wir machen ja schon alles!"). Von entscheidender Bedeutung ist vielmehr, im Betriebsratsgremium eine gemeinsame Einschätzung des Status Quo zu erreichen: *Wo steht der Betriebsrat im Bereich „Innovation"?*

Der nachfolgend in einem Ausschnitt gezeigte „IAI-Kurzfragebogen Betriebsräte und Innovation" enthält eine Reihe von Aussagen, die bei dieser Bestandsaufnahme hilfreich sein können. Ihren Ursprung haben die Items in den qualitativ-empirischen Eindrücken aus den Betriebsfallstudien dieser Studie.

Zum praktischen Vorgehen mit diesem „Werkzeug"

– Lassen Sie den Kurzfragebogen durch jedes einzelne Betriebsratsmitglied unabhängig und individuell ausfüllen: Dann analysieren Sie gemeinsam Ihre Antworten – widmen Sie dabei denjenigen Aussagen besondere Aufmerksamkeit, die im Gremium unterschiedlich eingeschätzt werden!
– Legen Sie erst nach dieser gemeinsamen Bestandsaufnahme Tätigkeitsfelder fest, auf denen Sie zukünftig aktiver tätig sein wollen und das größte Umsetzungspotenzial sehen. Was können Sie noch unternehmen, um Inno-

vationen mit Bestimmung für Wettbewerbsfähigkeit und Beschäftigung zu unterstützen?

Zu betonen ist noch einmal: Bei diesem Vorgehen geht es nicht um eine Bewertung des innovationsorientierten Betriebsratsengagements. Es eignet sich vielmehr, wie entsprechende Umsetzungserfahrungen in Betrieben des Fallstudiensamples zeigen, einen Diskussionsprozess im Betriebsrat anzustoßen und der zukünftigen Ausrichtung in diesem Bereich eine erste Orientierung zu geben.

Abb. 24: IAI-Kurzfragebogen „Betriebsräte und Innovation" (Ausschnitt)

Hans **Böckler Stiftung**

Kurzfragebogen:
Wo steht der Betriebsrat beim Thema Innovation?

iAi

Inwieweit treffen die folgenden Aussagen auf die Situation in Ihrem Betrieb zu?

Es gibt keine „richtigen" oder „falschen" Antworten! Nutzen Sie bitte die Kreise zur Abstufung Ihres Urteils!

trifft voll zu (häufig) ⟷ **trifft nicht zu (nie)**

1. Der Betriebsrat entwickelt eigene Ideen und Vorschläge im Bereich Arbeitsorganisation und Personalpolitik.
2. Der Betriebsrat kümmert sich aktiv um die Nutzung und Verbesserung von Ideenmanagement / BVW.
3. Die Innovationsfähigkeit des Betriebes ist ein regelmäßiges Thema in der Arbeit des Betriebsrats.
4. Der Betriebsrat versucht, durch eigene Initiativen die Rahmenbedingungen für Innovationen im Betrieb zu verbessern.
5. Die Belegschaft nimmt den Betriebsrat als wichtigen Ansprechpartner für Innovationsideen wahr.
6. Der Betriebsrat ist in der Lage, die Auswirkungen geplanter organisatorischer/technischer Veränderungen zu beurteilen.
7. Der Betriebsrat engagiert sich, dass die Qualifikationen der Belegschaft angepasst und weiterentwickelt werden.
8. Der Betriebsrat unterstützt, dass bei Mitarbeiterbeurteilungen das Thema „Innovation" eine Rolle spielt.
9. Der Betriebsrat kann sich darauf verlassen, dass die Innovationsfähigkeit des Betriebes vom Management sichergestellt wird.
10. Der Betriebsrat wirbt bei der Belegschaft um Akzeptanz für technische oder organisatorische Veränderungen.
11. Auf die Innovationsfähigkeit des Betriebes kann der Betriebsrat Einfluss nehmen.
12. Bei technischen oder organisatorischen Veränderungen werden Vorschläge des Betriebsrats vom Management berücksichtigt.
13. Der Betriebsrat kümmert sich um Freiräume für innovative Mitarbeiter.

Die mit dem Kurzfragebogen angeleitete Diskussion über den Status quo des Betriebsrats-Engagements im Mitbestimmungsfeld Innovation kann zu unterschiedlichen Einschätzungen durch die Mitglieder des Gremiums führen. Unterschiede sind sogar zu erwarten! Entscheidend ist jedoch, wie man sich für die Zukunft in das Innovationsgeschehen einbringen möchte. Dabei geht es nicht um vordergründig erstrebenswerte „Maximalpositionen", sondern um Erreichbares mit Potenzial für die vertretenen Arbeitnehmer. Genau das sollte im Betriebsratsgremium festgehalten werden:

- Wir verstehen uns als Regulativ zur Sicherung der Arbeitnehmerinteressen bei anstehenden Innovationsprozessen und werden uns frühzeitig einbringen, um diese Interessen zu vertreten. Dazu gehört auch, Maßnahmen aktiv anzusteuern, die den Umsetzungserfolg von Innovationen fördern.
- Wir initiieren ein Programm zur Steigerung der Innovationsfähigkeit im Unternehmen. Unsere Rolle ist dabei die eines Gestalters mit eigenen Vorschlägen und einer aktivierenden Funktion in Richtung der Mitarbeiter.
- Wir verstehen uns auch als Impulsgeber für das Management, wenn es darum geht, Produkt-/Dienstleistungsinnovationen anzustoßen. Wir nutzen dazu unsere internen und externen Netzwerke, um kreative Ideen zu entwickeln und für die Unternehmensentwicklung zu erschließen.

Innovationen beginnen damit, dass man sich Orientierung verschafft. Auch diese möglichen Selbstbeschreibungen sind Orientierungen für innovative Betriebsräte, sich in diesem Bereich künftig neu zu definieren: Natürlich beginnt damit erst die eigentliche „Innovations-Arbeit" – die Umsetzung dieser Orientierungshilfe in eigene konkrete Ideen und die überzeugende Platzierung dieser Ideen sowohl auf Arbeitgeberseite als auch bei der Belegschaft ist dann der nächste Schritt.

Literatur

Addison, John T.; Schnabel, Claus; Wagner, Joachim (2004): The Course of Research into the Economic Consequences of German Work Councils. In: British Journal of Industrial Relations, 42. Jg., 2/2004, S. 255–281

Albers, Sönke; Eggers, Sabine (1991): Organisatorische Gestaltung von Produktinnovations-Prozessen – Führt der Wechsel des Organisationsgrades zu Innovationserfolg? In: Zeitschrift für betriebswirtschaftliche Forschung, 43. Jg., 1/1991, S. 44–63

Andriopoulos, Constantine (2001): Determinants of organisational creativity: a literature review. In: Management Decision, 39. Jg., 10/2001, S. 834–840

Angle, Harold L. (2000): Psychology and Organizational Innovation. In: van de Ven, Andrew H.; Angle, Harold L.; Poole, Marshall S. (Hg.): Research on the Management of Innovation. The Minnesota Studies. Oxford, S. 135–170

Aschhoff, Birgit; Doherr, Thorsten; Köhler, Christian; Peters, Bettina; Rammer, Christian; Schubert, Torben; Schwiebacher, Franz (2009): Innovationsverhalten der deutschen Wirtschaft. Indikatorenbericht zur Innovationserhebung 2008. Mannheim

Askildsen, Jan Erik; Jirjahn, Uwe; Smith, Stephen C. (2006): Works Councils and Environmental Investment: Theory and Evidence from German Panel Data. In: Journal of Economic Behavior and Organization, 60. Jg., 3/2006, S. 346–372

Behrens, Martin; Kädtler, Jürgen (2008): Betriebliche Restrukturierung und Partizipation. Wie viel Teilhabe erlauben unterschiedliche Rationalisierungsansätze? In: Industrielle Beziehungen, 15. Jg., 1/2008, S. 76–100

Bertelsmann Stiftung (Hg.) (2008): Innovationen im Unternehmen kultivieren. Fallstudien international erfolgreicher Unternehmen. Gütersloh

Binner, Hartmut F. (2008): Handbuch der prozessorientierten Arbeitsorganisation. München

Bispinck, Reinhard (2008): Das deutsche Tarifmodell im Umbruch. In: Wirtschaftsdienst, 88. Jg., 1/2008, S. 7–11

Blauth, Ralf (2007): Beteiligung leben. In: OrganisationsEntwicklung, 3/2007, S. 56–61

Blume, Lorenz; Gerstlberger, Wolfgang (2007): Determinanten betrieblicher Innovation: Partizipation von Beschäftigten als vernachlässigter Einflussfaktor. In: Industrielle Beziehungen, 14. Jg., 3/2007, S. 223–244

Bodewes, Wynand E. J. (2002): Formalization and innovation revisited. In: European Journal of Innovation Management, 5. Jg., 4/2002, S. 214–223

Bosch, Aida; Ellguth, Peter; Schmidt, Rudi; Trinczek, Rainer (1999): Betriebliches Interessenhandeln. Zur politischen Kultur der Austauschbeziehungen zwischen Management und Betriebsrat in der westdeutschen Industrie. Opladen

Brandl, Karl-Heinz; Cox, Peter-Martin; Rundnagel, Regine (2006): Diagnose der Innovationsfähigkeit. In: Computer-Fachwissen, 4/2006, S. 14–17

Braun, Wolf Matthias (2002): Strategisches Management der industriellen Beziehungen. Zur Empirie und Theorie des Verhältnisses zwischen Management und Betriebsrat. München, Mering

Brehmer, Wolfram; Ziegler, Astrid (2009): WSI-Betriebsrätebefragung 2008/09 zu Innovationsfähigkeit, Arbeitsbedingungen und Gesundheit im Betrieb. Düsseldorf (http://www.boeckler.de/pdf/wsi_br_befragung_ergebnisse2008.pdf)

Brettschneider, Antonio; Bromberg, Tabea; Haipeter, Thomas (2011): Betriebsräte mit Rückenwind? Chancen und Ambivalenzen betrieblicher „Besser"-Strategien für Arbeitspolitik und Interessenvertretungen. In: Haipeter, Thomas; Dörre, Klaus (Hg.): Gewerkschaftliche Modernisierung. Wiesbaden, S. 61–85

Bsirske, Frank; Endl, Hans; Brandl, Karl-Heinz; Schröder, Lothar (Hg.) (2005): Menschen machen Innovationen. Hamburg

Burns, Tom; Stalker, George M. (1961): The Management of Innovation. London

Chesbrough, Henry (2003): Open innovation: the new imperative for creating and profiting from technology. Boston

Claver, Enrique; Llopis, Juan; Garcia, Daniel; Molina, Hipolito (1998): Organizational Culture for Innovation and New Technological Behavior. In: Journal of High Technology Management Research, 9. Jg., 1/1998, S. 55–68

Cooper, Robert G. (2008): Perspective: The Stage-Gate ® Idea-to-Launch Process. In: Journal of Product Innovation Management, 25. Jg., S. 213–232

Cox, Peter-Martin; Rundnagel, Regine (2003): Innovation – ein gewerkschaftliches Handlungsfeld. In: Computer-Fachwissen, 9/2003, S. 13–16

Dahlander, Linus; Gann, David M. (2010): How Open is Innovation? In: Research Policy, 39. Jg., 2/2010, S. 699–709

Dahme, Christa; Ganz, Walter (Hg.) (2005): Innovationen werden von Menschen gemacht! Zwischenbilanz eines Arbeitsjahres. Impulskreis Wissensträger Mensch in der Initiative „Partner für Innovation". Stuttgart

Däubler, Wolfgang; Kittner, Michael; Klebe, Thomas (Hg.) (2006): BetrVG Betriebsverfassungsgesetz. Frankfurt/M.

Dilger, Alexander (2002): Ökonomik betrieblicher Mitbestimmung. München, Mering

Dilger, Alexander (2002a): Betriebsräte und Innovationen. In: Kahle, Egbert (Hg.): Organisatorische Veränderung und Corporate Governance. Wiesbaden, S. 65–103

Dougherty, Deborah (1996): Organizing for Innovation. In: Clegg, Stewart R.; Hardy, Cynthia; Nord, Walter R. (Hg.): Handbook of Organization Studies. London, Thousand Oaks, S. 424–439

Dreher, Carsten; Eggers, Thorsten; Kinkel, Steffen; Maloca, Spomenka (2006): Gesamtwirtschaftlicher Innovationswettbewerb und betriebliche Innovationsfähigkeit. In: Bullinger, Hans-Jörg (Hg.): Fokus Innovation. München, Wien, S. 1–28

Eisenhardt, Kathleen M. (1989): Building Theories from Case Study Research. In: Academy of Management Review, 14. Jg., 4/1989, S. 532–550

Ellguth, Peter (2007): Betriebliche und überbetriebliche Interessenvertretung – Ergebnisse aus dem IAB-Betriebspanel 2005. In: WSI-Mitteilungen, 60. Jg., 3/2007, S. 155–157

Ellguth, Peter; Kohaut, Susanne (2008): Ein Bund fürs Überleben? Betriebliche Vereinbarungen zur Beschäftigungs- und Standortsicherung. In: Industrielle Beziehungen, 15. Jg., S. 209–232

Ernst, Holger (2003): Unternehmenskultur und Innovationserfolg – eine empirische Analyse. In: Zeitschrift für betriebswirtschaftliche Forschung, 55. Jg., 2/2003, S. 23–44

Eulerich, Marc; Welge, Martin K. (2010): Strategische Unternehmensüberwachung durch den mitbestimmten Aufsichtsrat in Krisenzeiten. In: Arbeitspapiere der Hans-Böckler-Stiftung, Nr. 225. Düsseldorf

Folkerts, Liesa (2001): Promotoren in Innovationsprozessen. Empirische Untersuchung zur personellen Dynamik. Wiesbaden

Franz, Wolfgang (2005): Die deutsche Mitbestimmung auf dem Prüfstand: Bilanz und Vorschläge für eine Neuausrichtung. In: Zeitschrift für Arbeitsmarktforschung, 38. Jg., 2–3/ 2005, S. 268–283

Frick, Bernd (2005): Kontrolle und Performance der mitbestimmten Unternehmung: Rechtsökonomische Überlegungen und empirische Befunde. In: Kölner Zeitschrift für Soziologie und Sozialpsychologie, Sonderband 2005: Vom Manager zum Finanzmarktkapitalismus, S. 418–440

Fuchs, Tatjana (2006): Was ist gute Arbeit? Anforderungen aus der Sicht von Erwerbstätigen, INQA-Schriftenreihe Band 19. Berlin

Gemünden, Hans Georg; Hölzle, Katharina (2006): Promotoren: Schlüsselpersonen im Innovationsprozess. In: Sommerlatte, Tom; Beyer, Georg; Seidel, Gerrit (Hg.): Innovationskultur und Ideenmanagement. Strategien und praktische Ansätze für mehr Wachstum. Düsseldorf, S. 143–159

Gerlach, Frank; Ziegler, Astrid (2010): Das deutsche Modell auf dem Prüfstand – Innovationen in der Krise, in: WSI-Mitteilungen, 63. Jg., 2/2010 (Schwerpunktheft Innovation und Mitbestimmung), S. 63–70

Gupta, Ashok K.; Singhal, Arvind (1993): Managing Human Resources for Innovation and Creativity. In: Research Technology Management, 3. Jg., May/June 1993, S. 41–48

Habenicht, Thomas; Proß, Gerald; Werheit, Ursula (2002): Partizipation der Beschäftigten: Motor für die Mitbestimmung und Voraussetzung für die Gestaltung einer integrierten Lern- und Arbeitskultur. In: Dehnbostel, Peter; Elsholz, Uwe; Meister, Jörg; Meyer-Menk, Julia (Hg.): Vernetzte Kompetenzentwicklung. Berlin, S. 241–255

Haipeter, Thomas; Brettschneider, Antonio; Bromberg, Tabea; Lehndorff, Steffen (2011): Rückenwind für die Betriebsräte. Eine Analyse betrieblicher Modernisierungskampagnen in der Metall- und Elektroindustrie. Berlin

Hamel, Gary (2001): Das revolutionäre Unternehmen. München

Hauschildt, Jürgen (1999): Zur Weiterentwicklung des Promotoren-Modells. In: Hauschildt, Jürgen; Gemünden, Hans-Georg (Hg.): Promotoren. Champions der Innovation (2. Auflage). Wiesbaden, S. 255–282

Hauschildt, Jürgen; Chakrabarti, Alok K. (1999): Arbeitsteilung im Innovationsmanagement. In: Hauschildt, Jürgen; Gemünden, Hans-Georg (Hg.): Promotoren. Champions der Innovation (2. Auflage). Wiesbaden, S. 67–87

Hauschildt, Jürgen; Salomo, Sören (2005): Je innovativer, desto erfolgreicher? Eine kritische Analyse des Zusammenhangs zwischen Innovationsgrad und Innovationserfolg. In: Journal für Betriebswirtschaft, 55. Jg., S. 3–20

Hauschildt, Jürgen; Salomo, Sören (2007): Innovationsmanagement (4. Auflage). München

Hauschildt, Jürgen; Schewe, Gerhard (1997): Gatekeeper und Promotoren: Schlüsselpersonen in Innovationsprozessen in statischer und dynamischer Perspektive. In: Die Betriebswirtschaft, 57. Jg., 4/1997, S. 506–516

Heckhausen, Heinz (1980): Motivation und Handeln. Berlin

Hinterhuber, Hans H.; Stadler, Christian (2006): Innovationsfördernde Rahmenbedingungen schaffen. In: Sommerlatte, Tom; Beyer, Georg; Seidel, Gerrit (Hg.): Innovationskultur und Ideenmanagement. Düsseldorf, S. 85–98

Hinz, Horst (1978): Gewerkschaft auf neuem Kurs: Innovationspolitik contra Rationalisierung. In: Frankfurter Hefte/Zeitschrift für Kultur und Politik, 33. Jg., 4/1978, S. 66–71

Hof, Hagen; Wengenroth, Ulrich (Hg.) (2007): Innovationsforschung. Ansätze, Methoden, Grenzen und Perspektiven. Hamburg

Hoffmann, Lutz (1991): Innovation durch Konspiration. In: Harvard Business Manager, Nr. 1, S. 121–127

Howaldt, Jürgen; Kopp, Ralf; Schwarz, Michael (2008): Innovation (forschend) gestalten – Zur neuen Rolle der Sozialwissenschaften. In: WSI-Mitteilungen, 61. Jg., 2/2008, S. 63–69

Imai, Masaaki (1998): Kaizen. Berlin

Jenner, Thomas (2003): Erfolg als Ursache von Misserfolg – Hintergründe und Ansätze zur Überwindung eines Paradoxons im strategischen Management. In: Die Betriebswirtschaft, 63. Jg., 2/2003, S. 203–219

Jirjahn, Uwe (2006): Ökonomische Wirkungen der Mitbestimmung in Deutschland. In: Sozialer Fortschritt, 55. Jg., 9/2006, S. 215–226

Jürgens, Ulrich (1984): Die Entwicklung von Macht, Herrschaft und Kontrolle im Betrieb als politischer Prozess. In: Jürgens, Ulrich; Naschold, Frieder (Hg.): Arbeitspolitik, Leviathan Sonderheft, 5/1984, S. 58–91

Kanter, Rosabeth M. (1983): The Change Masters, Corporate Entrepreneurs at Work. London

Keller, Berndt (2006): Mitbestimmung: Aktuelle Forderungen im Licht empirischer Daten. In: Sozialer Fortschritt, 55. Jg., 2–3/2006, S. 41–50

Kerka, Friedrich (2011): Innovationen entstehen aus Ideen – doch nur wenige Ideen werden zu erfolgreichen Innovationen. In: Kerka, Friedrich (Hg.): Auf dem Weg zu einem unternehmerischen Ideen- und Innovationsmanagement. Weniger Innovationsaktionismus wäre mehr. Bochum, S. 9–34

Kerka, Friedrich (2010): Viele Ideen zu produzieren, ist weniger das Problem – Zum aktuellen Stand des Ideenmanagements. In: angewandte Arbeitswissenschaft – Zeitschrift für die Unternehmenspraxis, Nr. 203, März 2010, S. 5–22

Kerka, Friedrich; Kriegesmann, Bernd; Kley, Thomas (2008): Innovationen im Unternehmen kultivieren – Fallstudien international erfolgreicher Unternehmen, hrsg. von der Bertelsmann Stiftung. Gütersloh

Kerka, Friedrich; Kriegesmann, Bernd; Schwering, Markus G.; Happich, Jan (2006): „Big Ideas" erkennen und Flops vermeiden – Dreistufige Bewertung von Innovationsideen. In: Berichte aus der angewandten Innovationsforschung, No 219. Bochum

Kerka, Friedrich; Schwering, Markus G.; Striewe, Frank (2005): Balance von Innovation und Tradition – neue Aufgaben für die Personalentwicklung bei der Gestaltung zukunftsfähiger Organisationen. In: Geißler, Karlheinz; Laske, Stephan; Orthey, Astrid (Hg.): Handbuch Personalentwicklung '98. Ergänzungslieferung, Juli 2005, Kap. 5.44, S. 1–23

Kern, Horst (1998): Mitbestimmung und Innovation. Gütersloh

Klotz, Ulrich (2005): Zu neuen Ufern im Feld der Innovation? Die betrieblichen Innovationspotenziale besser nutzen: vom Taylorismus zur „Open Innovation". In DGB (Hg.): Innovation – Materialien und Argumente Nr. 9: Gewerkschaften als Motor und Partner für Innovation. Berlin, S. 22–33

Kocyba, Hermann; Vormbusch, Uwe (2000): Partizipation als Managementstrategie. Frankfurt/M., New York

Kraft, Kornelius; Stank, Jürgen (2004): Die Auswirkungen der gesetzlichen Mitbestimmung auf die Innovationsaktivität deutscher Unternehmen. In: Schmollers Jahrbuch, 124 Jg., 3/2004, S. 421–449

Kriegesmann, Bernd (2001): Innovationsorientierte Anreizsysteme. Bochum

Kriegesmann, Bernd (2003): Lernen in Organisationen – oder lernende Organisationen? In: Personalführung, 36. Jg., 4/2003, S. 18–27

Kriegesmann, Bernd; Kerka, Friedrich (2001): Kompetenzentwicklung: Neue Aufgaben für die Gestaltung und Umsetzung von Innovationsprozessen. In: Bellmann, Lutz; Minssen, Heiner; Wagner, Petra (Hg.): Personalwirtschaft und Organisationskonzepte moderner Betriebe. Beiträge aus der Arbeitsmarkt- und Berufsforschung, Band 252. Nürnberg, S. 133–162

Kriegesmann, Bernd; Kerka, Friedrich (Hg.) (2007): Innovationskulturen für den Aufbruch zu Neuem. Missverständnisse – praktische Erfahrungen – Handlungsfelder des Innovationsmanagements. Wiesbaden

Kriegesmann, Bernd; Kerka, Friedrich; Kley, Thomas (2005): Innovationswiderstand und Gegenstrategien innovativer Kräfte – Empirische Analysen zum „Fuzzy-Front-End" des Innovationsprozesses. In: Berichte aus der angewandten Innovationsforschung, No. 218. Bochum

Kriegesmann, Bernd; Kerka, Friedrich; Kley, Thomas (2006): Fehlerkulturen und Innovationserfolg. Eine vergleichende empirische Analyse. In: Zeitschrift für Personalforschung, 20. Jg., 2/2006, S. 141–159

Kriegesmann, Bernd; Kerka, Friedrich; Kley, Thomas (2007): Kulturen für die Umsetzung von Neuerungen – Auf dem „Weg des geringsten Widerstands" zum Innovationserfolg? In: Kriegesmann, Bernd; Kerka, Friedrich (Hg.): Innovationskulturen für den Aufbruch zu Neuem. Missverständnisse – praktische Erfahrungen – Handlungsfelder des Innovationsmanagements. Wiesbaden, S. 85–134

Kriegesmann, Bernd; Kerka, Friedrich; Schwering, Markus G. (2005): Bedingungen betrieblicher Innovationsprozesse. In: Arbeit – Zeitschrift für Arbeitsforschung, Arbeitsgestaltung und Arbeitspolitik, 14. Jg., 2/2005, S. 118–130

Kriegesmann, Bernd; Kley, Thomas; Kublik, Sebastian (2010): Innovationstreiber betriebliche Mitbestimmung? In: WSI-Mitteilungen, 63. Jg., 2/2010 (Schwerpunktheft Innovation und Mitbestimmung), S. 71–78

Kriegesmann, Bernd; Kunhenn, Horst; Kley, Thomas; Lücke, Christina (2011): Reorganisationen als „Stresstests" für Unternehmen: Erschöpfte Akteure in erschöpften Organisationen? In: praeview, Nr. 5/2011, S. 24–25

Lazonick, William (2005): The innovative Firm. In: Fagerberg, Jan; Mowery, David C.; Nelson, Richard R. (Hg.): The Oxford Handbook of Innovation. New York, S. 29–55

Marquard, Odo (1981): Abschied vom Prinzipiellen. Stuttgart

Michalik, Claudia C. (2003): Innovatives Engagement. Eine empirische Untersuchung zum Phänomen des Bootlegging. Wiesbaden

Minssen, Heiner; Riese, Christian (2005): Der Co-Manager und seine Arbeitsweise. Die interne Arbeitsorganisation von Betriebsräten im Öffentlichen Personennahverkehr. In: Industrielle Beziehungen, 12. Jg., 4/2005, S. 367–392

Minssen, Heiner; Riese, Christian (2007): Professionalität der Interessenvertretung. Arbeitsbedingungen und Organisationspraxis von Betriebsräten. Berlin

Moldaschl, Manfred (2006): Innovationsfähigkeit, Zukunftsfähigkeit, Dynamic Capabilities – Moderne Fähigkeitsmystik und eine Alternative. In: Schreyögg, Georg; Conrad, Peter (Hg.): Management von Kompetenz, Managementforschung Band 16. Wiesbaden, S. 1–36

Moldaschl, Manfred (2007): Innovationsarbeit. In: Ludwig, Joachim; Moldaschl, Manfred; Schmauder, Martin; Schmierl, Klaus (Hg.): Arbeitsforschung und Innovationsfähigkeit in Deutschland. München, Mering, S. 135–146

Möslein, Kathrin, Kölling, Marcus (2007): Interaktive hybride Wertschöpfung als Innovationsstrategie. In: Streich, Deryk; Wahl, Dorothee (Hg.): Innovationsfähigkeit in einer modernen Arbeitswelt. Frankfurt/M., New York, S. 195–202

Müller-Jentsch, Walther; Seitz, Beate (1998): Betriebsräte gewinnen Konturen. Ergebnisse einer Betriebsrätebefragung im Maschinenbau. In: Industrielle Beziehungen, 5. Jg., 4/1998, S. 361–387

Naumann, Valerie (2007): Wegen Mitbestimmung vorübergehend geschlossen – Über die Reformbedürftigkeit des rechtlichen Rahmens der Mitbestimmung. In: Organisations-Entwicklung, 3/2007, S. 48–55

Nerdinger, Friedemann W.; Martins, Erko; Pundt, Alexander (Hg.) (2011): Betriebsräte und Mitarbeiter in Innovationsprozessen. München, Mering

Nicolai, Alexander; Kieser, Alfred (2002): Trotz eklatanter Erfolglosigkeit: Die Erfolgsfaktorenforschung weiter auf Erfolgskurs. In: Die Betriebswirtschaft, 62. Jg., S. 579–596

Nienhüser, Werner (2005): Der Einfluss des Betriebsrats-Typs auf die Nutzung und Bewertung von Betriebsvereinbarungen. Ergebnisse einer empirischen Untersuchung. In: Industrielle Beziehungen, 12. Jg., 1/2005, S. 6–27

Nippa, Michael (2005): Geschäftserfolg produktbegleitender Dienstleistungen durch ganzheitliche Gestaltung und Implementierung. In: Lay, Gunther; Nippa, Michael (Hg.): Management produktbegleitender Dienstleistungen. Heidelberg, S. 1–18

Nippa, Michael (2007): Zur Komplexität der Innovationsorganisation. Ein Plädoyer für eine ganzheitliche und kritische Perspektive. In: Engel, Kai; Nippa, Michael (Hg.): Innovationsmanagement. Von der Idee zum erfolgreichen Produkt. Heidelberg, S. 15–34

Oliver, Stan; Kandadi, Kondal Reddy (2006): How to develop knowledge culture in organizations? A multiple case study of large distributed organizations. In: Journal of Knowledge Management, 10. Jg., 4/2006, S. 6–24

Pfeffer, Jeffrey (1994): Competitive advantage through people: Unleashing the power of work force. Boston

Pieler, Dirk (2003): Neue Wege zur lernenden Organisation (2. Auflage). Wiesbaden

Pleschak, Franz; Sabisch, Helmut (1996): Innovationsmanagement. Stuttgart

Pongratz, Hans J.; Trinczek, Rainer (2005): Bohica! Change zwischen Akzeptanz und Widerstand (Manuskript, Stand April 2005). Lehrstuhl Soziologie/TU München

Pries, Ludger; Wannöffel, Manfred (2005): Mitbestimmung und Innovation. Studie im Rahmen des Projektes „Innovative Industrie- und Dienstleistungspolitik“. (www.ruhr-uni-bochum.de/rubigm/Gestaltung/Synopse%20Mitbestimmung.pdf, Download: 11.12.2008)

Probst, Gilbert J. B.; Eppler, Martin J. (2000): Kompetenz Management. Wiesbaden

Putzhammer, Heinz (2004): Innovation – was geht das die Gewerkschaften an? DGB-Reihe „Innovation: Materialien und Argumente“ Nr. 1. Berlin

Putzhammer, Heinz (2005): Kreativität, Kompetenz und Mitbestimmung – Schlüsselfaktoren für Innovationsfähigkeit. In: WSI-Mitteilungen, 3/2005, S. 151–155

Rehder, Britta (2006): Legitimationsdefizite des Co-Managements. In Zeitschrift für Soziologie, 35. Jg., 3/2006, S. 227–242

Reichwald, Ralf; Piller, Frank (2009): Interaktive Wertschöpfung. Open Innovation, Individualisierung und neue Formen der Arbeitsteilung (2. Auflage). Wiesbaden

Reischmann, Jost (1998): Andragogisch-didaktische Überlegungen zwischen Wissen und Können. In: Grundlagen der Weiterbildung, 9. Jg., 6/1998, S. 267–271

Richardi, Reinhard (2006): Betriebsverfassungsgesetz mit Wahlordnung. München

Salomo, Sören; Cratzius, Michael (2005): Integration von Marketing und Fertigung als Erfolgsfaktoren der Neuproduktentwicklung. In: Zeitschrift für Betriebswirtschaft, 75. Jg., 2005, S. 71–95

Schlömer, Nadine; Kay, Rosemarie; Backes-Gellner, Uschi; Rudolph, Wolfgang; Wassermann, Wolfram (2007): Mittelstand und Mitbestimmung. Münster

Schmahl, Kurt (1986): Technologischer Wandel als innerbetriebliches Konfliktfeld – Erfahrungen aus der Beratung von Arbeitnehmervertretern. In: Staudt, Erich (Hg.): Das Management von Innovationen. Frankfurt/M., S. 434–445

Schnabel, Hubert (2008): Zur Diskussion über die betriebliche Mitbestimmung. In: Industrielle Beziehungen, 15. Jg., 2/2008, S. 152–163

Schumpeter, Joseph A. (2006 [1912]): Theorie der wirtschaftlichen Entwicklung (Nachdruck der 1. Auflage von 1912). Berlin

Schwarzbach, Markus (2006): Innovationsmanagement – Aufgabe des Betriebsrats? In: Computer-Fachwissen, 2/2006, S. 10–12

Schwarz-Kocher, Martin; Kirner, Eva; Dispan, Jürgen; Jäger, Angela; Richter, Ursula; Seibold, Bettina; Weißfloch, Ute (2011): Interessenvertretungen im Innovationsprozess. Der Einfluss von Mitbestimmung und Beschäftigtenbeteiligung auf betriebliche Innovationen. Berlin

Schwemmle, Michael; Zanker, Claus (2005): Innovation durch gute Wissensarbeit. In: Bsirske, Frank; Endl, Hans-L.; Brandl, Karl-Heinz; Schröder, Lothar (Hg.): Menschen machen Innovationen. Hamburg, S. 59–71

Senge, Peter M. (2001): Die fünfte Disziplin (8. Auflage). Stuttgart

Souder, William E. (1988): Managing Relations between R&D and Marketing in New Product Development. In: Journal of Product Innovation Management, 5. Jg., 1988, S. 6–19

Staudt, Erich (1983): Mißverständnisse über das Innovieren. In: Die Betriebswirtschaft, 43. Jg., 3/1983, S. 341–356

Staudt, Erich (Hg.) (1986): Das Management von Innovationen. Frankfurt/M.

Staudt, Erich; Kailer, Norbert; Kriegesmann, Bernd (1997): Kompetenz und Innovation – Eine Bestandsaufnahme jenseits von Personalentwicklung und Wissensmanagement. Bochum

Staudt, Erich; Kley, Thomas (2001): Formelles Lernen – informelles Lernen – Erfahrungslernen. Wo liegt der Schlüssel zur Kompetenzentwicklung von Fach- und Führungskräften? In: QUEM-Report, Heft 69, S. 227–275

Staudt, Erich; Kriegesmann, Bernd (1998): Innovationsmanagement. In: Berndt, Ralph; Fantapié Altobelli, Claudia; Schuster, Peter (Hg.): Springers Handbuch der Betriebswirtschaftslehre 2. Berlin, Heidelberg, S. 355–388

Staudt, Erich; Kriegesmann, Bernd (1999): Weiterbildung: Ein Mythos zerbricht – Der Widerspruch zwischen überzogenen Erwartungen und Misserfolgen der Weiterbildung. Bochum

Staudt, Erich; Kriegesmann, Bernd (2002): Innovationsmanagement – neue Wege bei der Umsetzung. In: Knauth, Peter; Wollert, Artur (Hg.): Human Resource Management, 35. Ergänzungslieferung. Neuwied, Beitrag 8.30, S. 1–24

Staudt, Erich; Kriegesmann, Bernd (2002): Kompetenzentwicklung und Innovation. Münster u.a.O.

Stehle, Willi (1995): Mitarbeiterbeurteilung. In: von Rosenstiel, Lutz; Regnet, Erika; Domsch, Michael (Hg.): Führung von Mitarbeitern – Handbuch für erfolgreiches Personalmanagement. Stuttgart, S. 193–203

Stracke, Stefan; Nerdinger, Friedemann W. (2010): Mitbestimmung und Innovation aus Betriebsratsperspektive. Ergebnisse qualitativer Studien. In: Industrielle Beziehungen, 17. Jg., 1/2010, S. 30–53

Stuth, Ralf (2009): Arbeitsqualitäts-Prüfung nach Beschäftigten-Maßgabe. Der DGB-Index Gute Arbeit erweitert die Möglichkeiten demokratischer Teilhabe. In: Hexel, Dietmar (Hg.): Never Change a Winning System. Erfolg durch Mitbestimmung. Marburg, S. 84–93

Thannisch, Rainald (2006): Die Effizienz der Mitbestimmung in ökonomischer Betrachtung. In: Arbeit und Recht – Zeitschrift für Arbeitsrechtspraxis, 54. Jg., 3–4/2006, S. 81–86

Tietel, Erhard (2006): Konfrontation, Kooperation, Solidarität. Betriebsräte in der sozialen und emotionalen Zwickmühle. Berlin

Thom, Norbert; Etienne, Michèle (2000): Organisatorische und personelle Aspekte für ein erfolgreiches Innovationsmanagement. In: Clermont, Alois; Schmeisser, Wilhelm; Krimphove, Dieter (Hg.): Personalführung und Organisation. München, S. 283–294

Vahs, Dietmar; Burmester, Ralf (2002): Innovationsmanagement: von der Produktidee zur erfolgreichen Vermarktung (2. Auflage). Stuttgart

Vahs, Dietmar; Schmitt, Jürgen (2010): Innovationspotenziale ausschöpfen. Organisation und Innovationskultur als Schlüssel zum Innovationserfolg. In: Zeitschrift Führung + Organisation, 79. Jg., 1/2010, S. 4–11

van de Ven, Andrew H. (1986): Central Problems in the Management of Innovation. In: Management Science, 32. Jg., 5/1986, S. 590–607

Vormbusch, Uwe (1999): Betriebliche Leistungsgruppen in der ‚schlanken' Fabrik. In: Zeitschrift für Soziologie, 28. Jg., 4/1999, S. 263–280

Wahren, Heinz-Kurt (2004): Erfolgsfaktor Innovation. Berlin, Heidelberg

Wall, Toby D.; Cordery, John; Clegg, Chris (2002): Empowerment, Performance and Operational Uncertainty: A Theoretical Integration. In: Applied Psychology: An International Review, 51. Jg., 2002, S. 146–168

Wannöffel, Manfred (2008): „Entscheidend ist im Betrieb". Qualifizierte Mitbestimmung als Herausforderung für Gewerkschaften und Politik, Reihe: WISO Diskurs (Expertisen und Dokumentationen zur Wirtschafts- und Sozialpolitik, Friedrich Ebert Stiftung). Bonn

Wenger, Etienne; McDermott, Richard; Snyder, William M. (2002): Cultivating Communities of Practice. A Guide to Managing Knowledge. Boston, Massachusetts

Wenger, Etienne; Snyder, William M. (2000): Communities of Practice: The Organizational Frontier. In: Harvard Business Review, 1/2000, S. 139–145

Wienecke, Susanne (2001): Der Betrieb als Politikarena. München, Mering

Witte, Eberhard (1973): Innovationsfähige Organisation. In: Zeitschrift für Organisation, 42. Jg., 1/1973, S. 17–24

Ziegler, Astrid (2010): Welche Auswirkungen haben betriebliche Innovationen auf die Beschäftigten? In: WSI-Mitteilungen, 63. Jg., 2/2010, S. 103–108

Ziegler, Astrid; Kriegesmann, Bernd; Kley, Thomas; Kublik, Sebastian (2010): Betriebliche Innovationsfähigkeit: Die Perspektive der Betriebsräte. Marburg

Zink, Klaus J. (2007): Mitarbeiterbeteiligung bei Verbesserungs- und Veränderungsprozessen. München

Zwick, Thomas (2003): Works Councils and the Productivity Impact of Direct Employee Participation, ZEW Discussion Paper, No. 03-47/2003. Mannheim

Verzeichnis der Abbildungen, Boxen und Tabellen

Abbildungen

Boxen

Tabellen

Anhang

Strukturmerkmale der Fallstudienbetriebe

Tab. 20: Fallstudienbetriebe Maschinenbau

		Mit-arbeiter	Unternehmens-mitbestimmung	Geschäftsführung	Konzernzugehörigkeit	Standortbedeutung
M	1	1.000	kein AR[a]	Management	EMEA[b]	Hauptsitz
M	2	2.900	Parität	Management	deutsch	Hauptsitz
M	3	1.000	Drittel	Eigentümer	deutsch	Hauptsitz
M	4	330	kein AR	Management	ohne	Einzelbetrieb
M	5	230	kein AR	Eigentümer	ohne	Einzelbetrieb
M	6	220	kein AR	Eigentümer	ohne	Einzelbetrieb
M	7	980	kein AR	Management	deutsch	Hauptsitz
M	8	120	kein AR	Eigentümer	ohne	Einzelbetrieb
M	9	1.200	kein AR	Management	deutsch	Tochtergesellschaft
M	10	260	kein AR	Management	deutsch	Enkelgesellschaft
M	11	2.300	Drittel	Eigentümer	deutsch	Tochtergesellschaft
M	12	500	Drittel	Management	Deutsch	Hauptsitz
M	13	1.900	Drittel	Management	deutsch	Hauptsitz

a – AR: Aufsichtsrat,; b – EMEA: Europe, Middle East, Africa

Tab. 21: Fallstudienbetriebe Chemie

		Mit-arbeiter	Unternehmens-mitbestimmung	Geschäftsführung	Konzernzugehörigkeit	Standortbedeutung
C	1	615	kein AR	Management	EMEA	Produktion
C	2	800	kein AR	Management	EMEA	Produktion
C	3	2.000	kein AR	Management	EMEA	Produktion
C	4	2.300	Parität	Management	USA	Tochtergesellschaft
C	5	7.500	Parität	Management	deutsch	Produktion
C	6	700	kein AR	Management	USA	Produktion

Tab. 22: Fallstudienbetriebe Informationstechnologie

		Mitarbeiter	Unternehmens-mitbestimmung	Geschäftsführung	Konzernzugehörigkeit	Standortbedeutung
I	1	840	Drittel	Management	deutsch	Hauptsitz
I	2	610	Drittel	Management	EMEA	Tochtergesellschaft
I	3	80	kein AR	Management	EMEA	Enkelgesellschaft
I	4	300	Parität	Management	USA	Tochtergesellschaft
I	5	120	kein AR	Management	deutsch	Hauptsitz
I	6	130	kein AR	Management	USA	Tochtergesellschaft
I	7	266	kein AR	Management	deutsch	Tochtergesellschaft

Zeitfracht Medien GmbH
Ferdinand-Jühlke-Straße 7
99095 Erfurt, Deutschland
produktsicherheit@kolibri360.de